解くだけで
人生が変わる!

# 修造ドリル



松岡修造

# はじめに

## “人格は繰り返す行動の総計である。それゆえに優秀さは単発的な行動にあらず、習慣である。”

古代ギリシャの哲学者・アリストテレスはこう言いました。僕は、この言葉を「**自分を変えるには、いい習慣を身につけること**」と捉えています。

プロテニスプレイヤー・錦織圭《にしこりけい》選手もいい習慣を身につけたことで、変わったひとりです。いい習慣を身につけた要因の一つは、2014年からコーチになったマイケル・チャン氏の存在が大きいと思います。

錦織選手は天才的な感覚と技術を持つ選手です。テニスの才能だけを見ると、マイケルよりも圭のほうが上かもしれません。

ただ、現役時代のマイケルはメンタル、フィジカルの強靭《きょうじん》さと徹底的な反復練習で体格やパワーで勝る相手を攻略してきました。だからこそ、17歳で全仏オープン優勝を果たし、世界ランキング2位まで上り詰めたといえます。

圭は天才的な感覚はありますが、反復練習は苦手。それでも世界一という目標に近づきたいと、自分にはないものを持つマイケルをコーチに招いたわけです。

世界トップクラスの選手が、反復練習で基礎から徹底的に修正される。マイケルと練習を始めたばかりの頃は大変だったと思います。コーチをリスペクトする気持ち、そして謙虚に受け入れる姿勢がなければ、とても続けられなかったと思います。

しかし、**圭はいい習慣を身につけることに成功しました**。そして、そこからの快進撃はみなさんもよくご存知のことと思います。ランキングはベスト10内に上昇し、グランドスラム（テニスの世界四大大会）の一つである全米オープンで日本人初となる決勝進出を果たしました。近い将来、グランドスラム制覇、ランキング1位に上り詰めてくれると信じています。

ありがとう、圭。

錦織選手と同じように、**誰でもいい習慣を身につけると、人は変われる**と僕は考えています。逆に、人間関係、仕事、毎日の生活……、「うまくいかない」ことが続いているときは悪い習慣に気づいていなかったり、気づいていても変えられなかったりしているからだと考えています。

しかし、**大人になればなるほど、身についてしまった習慣をなかなか変えられない**こともよくわかります。子どものときのように誰かが叱って教えてくれるとありがたいのですが、大人になるとほとんど誰も叱ってくれません。「おかしいよな、あれ」「恥ずかしいなあ」と思ってただ見ているだけです。

だからこそ、**大人は意識していい習慣を身につけることが大切なのです**。

僕が自分を変えるために意識してきた習慣は7つ。**感じること**、**工夫すること**、**準備すること**、**切り替えること**、**受け入れること**、**反省すること**、**感謝すること**です。どれも大切なことですが、意識していないと疎《おろそ》かになりがちなものばかりです。そして、ついつい疎かにしてしまうのも僕です。

今回、そんないい習慣を身につけるために僕が実践してきたことをドリル形式でまとめました。実践例のなかには「修造、ふざけるんじゃない！」「これ、松岡修造だからでしょ？」という答えがあるかもしれません。いや、きっとあると思います。でも、それでいいんです。僕がいい習慣を身につけるために考えたり、工夫したりしてきたことなので、みなさんに合っているかどうかはわからないからです。

ドリルの答えを参考にしてもいいし、別の答えを自分で考えてもかまいません。**みなさんが、自分で答えをつくる**。これこそ僕が期待していることです。「**人のふり見て、我がふり伸ばせ！**」です。

1つだけ答えづくりのアドバイスをするとしたら、〝**楽しさ**〟**の要素を取り入れる**ことです。どんなことでも頑張っている自分をクスッと笑えたり、楽しめているほうが継続できます。継続できれば、いつかいい習慣が身につきます。

さあ、みなさんもいい習慣を身につけましょう。きっと、**自分らしい素敵な自分に変われる**はずです。

松岡修造

# 目次

習慣その2

## 工夫する …… 39

## 習慣その3　準備する

習慣その1

# 感じる

## 〝感じる〟ことは、自分を知ること

自分は何が好きですか？
自分は何を一番大事にしてきましたか？
自分は何にワクワクしますか？
自分はどういうときに怒りを感じますか？
自分がつい避けてしまっているのは何ですか？

そう自分に問いかけると、いろいろな自分がいることに気づきます。同時に、自分のことが意外にわかっていないことに驚かされるはずです。

**簡単なようで難しいのが、〝自分を知る〟ことです。**

でも、〝本当の自分〟を知らなければ、自分らしく生きることはできません。そのためには、いくつかのいい習慣を身につける必要があります。

その一つが〝感じる〟習慣だと、僕は考えています。

僕もみなさんも、朝の目覚めから夜の眠りにつくまで何かを見たり、聞いたり、触れたり……、いろいろな人・モノ・コトに出会います。その度に、何かを感じているはずです。

朝の目覚めに、「気持ちいい！」
昨日、怒られた上司の顔を見て、「イライラしてきた」
新しい企画が浮かんできて、「ワクワクしている」
取引先での商談に失敗して、「気が重くなった」
気のおけない友人と食事をして、「楽しかった」

気持ちいい、面白い、イライラする、楽しい……、自分がそう感じたのは間違いないと思いますが、まだそれは〝感じる〟の表面に過ぎません。その奥にあるはずの**自分らしい〝感じる〟こそ、誰でもない自分だけが感じたこと**だと思います。

しかし、その表面に触れただけで終わりにしている人が多いのも事実です。

## 誰にでも自分だけの〝感じる〟がある

では、表面だけで終わりにするのはなぜでしょう。

僕の勝手な分析ですが、世の中に溢《あふ》れているたくさんの情報が、自分の〝感じる〟をわからなくしているのだと思います。

あらゆる情報に付いてくる「これはこうだ」「あれはこうだ」「こんなにいいですよ」というおびただしい他人の意見。その他大勢からあれこれ言われ続けると、自分の感じたことが疑わしくなってくるものです。

結局、「そうですか。そんなに言われるなら、わかりました。そういうことなんですね」と自分を納得させ、妥協してしまう。

誰かが感じたことを、自分が感じたことにしているというわけです。

ドイツの哲学者、アルトゥル・ショーペンハウアーは、「**われわれは他の人たちと同じになろうとして、自分自身の4分の3を失ってしまう**」と言いました。

つまり、自分の感じたことを見つめなければ、自分らしさを失うということです。

そうなると何を見ても、聞いても、食べても、「なんとなく面白い」「とりあえずおいしい」という答えに終始することになります。

自分だけの〝感じる〟がわからなければ、当然だと思います。

僕自身も自分だけの〝感じる〟力を磨くために、いろいろな方法を取り入れてきました。

たとえば、**本は心の目でイメージしながら読みます**。

最近は哲学書、ノンフィクション、教育書を読む機会が多いのですが、小説の登場人物に感情移入するような感覚で本に書かれていることをイメージします。「街を歩きながら～」と書かれていたら、僕は心の中でイメージした街を歩き始めます。哲学書や教育書は解読したいと思いがちですが、心にイメージを浮かべながら読み進めたほうがしっかりとインプットできます。なんとなく読んで感じるあっさりとした読後感よりも、心の目で読むと誰かが書いた本を自分だけのものにできたと感じられます。

**自分だけの〝感じる〟を鍛える方法は、日々のあらゆる行動の中で実践できます。**見る、聞く、話す、芸術作品の鑑賞法、誰かと話すときの心構え、そして料理の食べ方など、みなさんの行動の中にもたくさん機会があるはずです。

しかもその方法は、じつに簡単。**いつもより少しだけ意識して、自分の心に耳を傾ける。**ただそれだけです。そうするだけで〝感じている〟自分に気づくはずです。そして何度も繰り返していると、〝感じる〟ことがどんどん楽しくなります。

この章では、そんな〝感じる〟を習慣にするために僕がしてきた実践例を紹介します。新しい習慣を身につけることはハードルが高そうに思えますが、僕が取り組んできた方法には非常にくだらないものもたくさんあります。「ふざけるな、修造」と怒ったり、思わず笑ってしまうかもしれません。

しかし、侮《あなど》らないことです。試してみると、〝感じる〟ことが楽しくなるだけでなく、自分らしさに気づき、自信と強い意志を持てるようになります。

# ❶ 彫像マーライオンは□□が変わる

# 答え❶

# 彫像マーライオンは表情が変わる

**先入観を持つと感じる力が鈍る**

1度見ただけで、「これはつまらないな」
1回聞いただけで、「この人の意見は、このレベルだな」
1度ミスしただけで、「この人は何をやらせてもダメだな」

こんなふうに決めつけてしまうと、〝感じる〟力が鈍ります。とくに**他人の評価を鵜呑みにして先入観を持つのは、感じること**を拒絶することだと僕は思います。

シンガポールにある、上半身がライオンで下半身が魚のマーライオンという彫像をご存知でしょうか。僕は、マーライオンを初めて観たときに、思った以上に小さくてガッカリしました。再度、マーライオンを観に行く機会が訪れたとき、僕の心には少なからず「どうせ、つまんないから」という気持ちがあったのは事実です。

ところが、2度目のマーライオンには、「この小ささがいいな」「かわいいな」と感じたのです。観る角度もあったのでしょうが、変わるはずのないマーライオンの表情に好印象を覚えました。季節や時間、それから自分の気持ちなど、あらゆることが前回と違うことで、まったく違う印象を受けたのだと思います。もちろん、**彫像であるマーライオンが変わったわけではありません。変わったのは僕の感じ方です。**

**名画『モナ・リザ』も、見る度に感じ方が変わります。**

僕はフランスに行く度に、パリのルーヴル美術館を訪れてレオナルド・ダ・ヴィンチが描いた『モナ・リザ』を鑑賞します。芸術的な良さがわかっているわけではありません。謎めいた微笑をつくる口や目の周辺をぼんやりと描くスフマートという技法はすごいのでしょうが、残念ながら僕にはそれを理解できる能力は持ち合わせていないのです。さらに言うと、最初の頃は、世界中で愛されるほど〝きれいな女性〟とは思えませんでした。

それなのに、ルーヴル美術館へ行く度に「はい、モナ・リザね」と素通りせずに観てきたのは、「どこがいいんだ、モナ・リザ！」と『モナ・リザ』を感じようとしてきたからです。芸術的な良さはいまだにわかりませんが、最近はだんだん美人に思えるようになってきています。あきらかに最初の印象とは違います。

**変わらないものでも、見る側の状態が変わると感じ方は変わります。**

日々変化、成長しているのが人間だからこそ、僕はいつも新鮮な気持ちで感じることを心がけています。

❷

食べ物を口に入れたら
□を閉じる

# 答え❷ 食べ物を口に入れたら 目を閉じる

**おいしさを感じられるのはのどを通り過ぎるまで**

ビールを飲むときに最もおいしいと感じるのは、のどを通る瞬間、いわゆる〝のど越し〟です。僕は、この**〝のど越し〟を楽しむために、のどを鳴らす回数を増やしてみました。**1杯のビールで普通の人が「ゴクッ」と3回鳴らすなら、僕は10回鳴らし

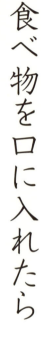

ます。小刻みに「ゴクッ」を繰り返すことで、同じ量でも倍以上に楽しむことができていると思っています。

ビールの味がのどで終わるように、味わうという行為は、食べ物が舌にのり、のどを越えた時点で終わりです。胃に味を感じる組織はないので、どんなごちそうが胃に流れ込んだとしても、おいしさを感じることはできません。

だから僕は、**食べ物が舌にのっているときに集中します。**

感覚を研ぎ澄まして、おいしさを感じようとします。

そのために僕は、食べ物を口に入れたら目を閉じます。

目を閉じるといっても、完全には閉じず半眼状態になります。というのは、目を開けていると見えるものに思考が反応するし、目を閉じるといろいろなイメージが浮かんできてしまうので、半眼状態で浮つく心を落ち着かせているのです。

あとは**鼻で感じる香り、舌が感じるおいしさをきっかけに、どんどん膨《ふく》らんでいく想像の世界を存分に楽しめばいい**だけです。

何が浮かんでくるかといえば、たとえば、いろいろな苦労を重ねながら食材となった野菜やくだものを育てる人です。農園が浮かぶこともあれば、野菜やくだものに由来する物語が浮かぶこともあります。

料理人がその料理で伝えたかったことをイメージするのもいいでしょう。「この料理は大草原の○○をイメージして～」という説明があれば、その世界に入り込んだほうがおいしさは倍増するはずです。

これまで僕は、おいしさを感じる方法をいくつも試してきましたが、食べ物を口に入れたときに目を閉じるのは、じつに簡単で誰にでもできる方法だと思っています。**目を閉じるという動作を入れることで、〝感じる〟モードへスムーズに移行する**こともできます。

## ❸ 水は□□で飲む

答え❸

# 水は常温で飲む

**水のおいしさはイメージで倍増する**

みなさんは水をどうやって飲みますか？

ペットボトルの栓を開けて、一気に飲み干す。キンキンに冷やした水しか飲まない。

コップに移して飲む。ストローで飲む。飲み方は人それぞれだと思います。

僕も水の飲み方にはこだわりがあります。それは、〝常温で飲む〟ことです。冷たい水も嫌いではありませんが、できるだけ常温で飲むようにしています。というのは、**常温にするとその水のおいしさを感じる**ことができるからです。水は無味無臭といわれますが、硬水と軟水に分類されるように、それぞれに違いがあります。その違いを感じることができると、自分の好きな水がわかるようになります。

ですから僕は、冷たい水を口に入れたときに、すぐにのどを通さないことがあります。**もぐもぐ、もぐもぐと口を動かして常温に戻してから飲み込みます。**水のおいしさを味わえるだけでなく、口の中をひんやりさせてくれる、一石二鳥の飲み方です。

男子テニスの世界トップに君臨するノバク・ジョコビッチ選手は、筋肉の血流が悪くなるという理由で常温の水しか飲みません。そう考えると、僕の冷たい水の飲み方は一石三鳥なのかもしれません。

常温で飲むことに加えて、〝なんとなく飲まない〟ことも、僕のこだわりです。1日20リットルぐらい飲んでいた現役時代は、水分補給という目的だけで飲んでいましたが、いろいろな水源地の水を常温で飲むようになり、**なんとなく飲むのはもったいない**と気づいたのです。

たとえばフランス産のミネラルウォーターを飲むとします。だとしたら、水源地のある場所をイメージしながら飲んだほうが、水の味を堪能できると思いませんか？

**ひと口飲んだら、「ｍｅｒｃｉ（メルシー／ありがとう）」**。

水によっては、アメリカ・カリフォルニア、富士山、南アルプスをイメージしながら飲むのもいいでしょう。

水を感じたいなら、朝、起き抜けの水もおすすめです。**目覚めに水を飲むと、体の中を流れていく水を感じることができます**。人間の体は、寝ている間に体温調節のために汗をかき、約３００〜５００ミリリットルの水分を失うといわれます。そんな渇いた体に、水がどんなふうに行き渡っていくのか。

「のどを通った」「腰のあたりだ」「指先まで来たぞ」……。

水を飲むだけでも、これだけ〝感じる〟ことができるのです。

# ❹『くいしん坊！万才』は□□を読まない

# 答え❹

# 『くいしん坊！万才』は台本を読まない

**空気を感じて話すときは0テーマがいい**

普段、友人と食事をしながら、真剣に話をすることがあると思います。なんとなくではなく、本気で。その空気感が僕は大好きです。

そういうときに「仕事について」「人生について」「家族について」といったテーマ

をあらかじめ決めて話すことはないと思います。自然の流れの中で仕事について話したり、人生について話したり、思いつくままに話していると思います。振り返ると、そんなときほど身になる話ができたなと実感できるものです。

僕はそれを、〝0テーマ〟と呼んでいます。

僕が仕事で0テーマを取り入れているのは、『くいしん坊！万才』です。台本はありますが、しっかり読んだことがありません。ロケ先で出会う人はもちろん、その場所の雰囲気を感じて思いつくままに話しています。話がどんな展開になってもOK。**その場の流れに身をまかせることが、登場していただく人たちや料理のおいしさを伝える最適な話し方**だと思うからです。

BS朝日で放送されている『ザ・インタビュー〜トップランナーの肖像〜』も0テーマです。これも台本はありますが、それに沿ってインタビューが進むことは100％ありません。テレビ局側から「これを聞いてください」と言われることもないので、僕が感じるままにインタビューしています。

僕が目指しているのは、インタビューする相手の実績を讃《たた》えるのではなく、「今、何を思っているのか。自分がやってきたことをどう感じているのか。今の日本をどう思っているのか」ということに対する本音を引き出すことです。**心の奥にある本当の思いを知ることで、相手の人をどんどん味わえる**と思っています。

そんな0テーマで話をするときに使えるネタが先入観です。

先日、『ザ・インタビュー』で話を聞かせていただいた料理人の道場《みちば》六三郎《ろくさぶろう》さん。僕は「ものすごく怖い人」という先入観を持っていましたが、あっさり覆《くつがえ》されました。そのことを本人に素直に伝えると、道場さんは「じゃあ、その違ったものをどんどん出しましょう」と話し始めてくれました。何かを感じるときに先入観を持つのはマイナスですが、人と話すときのきっかけをつくるネタとしては使えます。

そもそも0テーマに、何を聞き出せば成功というのはありません。**その人との話の中で何を感じるかが大切なのです。**

# 5

# 「おいしい」で□□□にしない

# 答え5

# 「おいしい」で終わりにしない

**感じたことを言葉にする**

レストランで料理を食べる、映画を観る、デパートで服を選ぶ、上司の意見に耳を傾ける、気になった本を読む……。そのとき、誰もが何かを感じると思います。料理を食べたら「おいしい（あるいは、まずい）」

映画を観たら「面白い（あるいは、つまらない）」
服を選んでいるときは「ヤバい（あるいは、ダサッ！）」

たとえば、ラーメンを食べて「おいしい」と感じる。それは素晴らしいことです。でも、それだけで終わるのはもったいないと僕は考えます。

「おいしい」と感じたのだから、それでいいじゃないかと思う人もいるでしょう。それを否定するつもりはありません。

ただ、自分らしくおいしさを〝感じる〟には、ここで1アクション。

それは、**感じたことを体で表現する**ことです。**僕がよくしているのは、感じたことを言葉にして口に出すことです。**

あるとき、おいしいラーメンに感動した僕は、

「どこからやってきた？」

「まいったよ〜。金メダル、おめでとう！」

「ラーメンさん。オレの心はもう笑顔！」

と叫んでいました。そのとき、松岡修造の口から出てきた最上級の賛辞です。こうして言葉にすると、感じている自分を確認することができます。「おいしい」という言葉だけでもいいのですが、そこに**自分ならではの言葉だったり、身振りや手振りが付いてくると、さらに〝感じる〟ことが楽しくなります。**

この感じ方こそが自分らしさではないでしょうか。どこに〝感じる〟アンテナが反応し、どう表現するかは自分次第です。

感じたことを言葉にすることは、誰にでもできる簡単な方法です。といっても、声に出すのは恥ずかしいという人はいると思います。そんなときは、心の中でつぶやいてください。そうすることで、〝感じる〟ことに意識が向けられるようになります。

大切なのは、なんとなく食べないことです。

# 習慣その2

# 工夫する

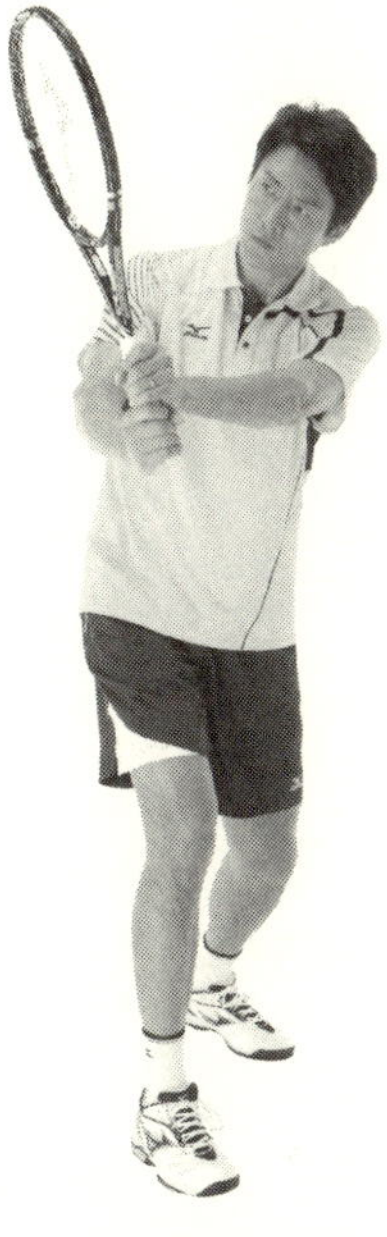

## 〝工夫する〟と人生は楽しくなる

〝経営の神様〟といわれるパナソニックの創業者・松下幸之助《まつしたこうのすけ》氏が残した言葉のなかには、たくさんの〝工夫〟という文字が散見されます。

「工夫というものは無限にある」

「とにかく、考えてみることである。工夫してみることである。そして、やってみることである。失敗すればやり直せばいい」

「失敗を恐れて同じことの繰り返しでは進歩がない。失敗を恐れるより、生活に工夫のないことを恐れたい」

すべてのことに工夫、工夫、工夫。**いろんなことに自分なりの工夫を加えることは、人生を楽しくする大事な習慣**なのです。

僕も、そんなひと工夫をいつも心がけています。

**どんな状況でも、まずは「さて、どうしようかな」**。手法を変えてみるのもいいし、考え方を変えてみるのもいい。少しアレンジするだけで、結果は大きく変わります。

じつは、人の体も知らないうちに工夫をしていることがあります。

たとえば、〝別腹〟です。この言葉は、スイーツ好きの人がお腹いっぱいでもデザートを食べたい一心で考え出した言い訳ではありません。

食後にデザートが運ばれると、胃の中には〝別腹〟というスペースができます。デザートを見て「これはおいしそうだな」と感じた脳が消化活動を促進するオレキシンを分泌して、胃にあるものを小腸にせっせと移動させてスペースをつくるのだそうです。そのことを知ってからは、デザートが出てきた瞬間に、胃にぽっかり空間ができるイメージを浮かべるようにしています。「さあ、別腹さん、行きますよ」と。

食に関してこだわりのある僕は、いつも「どう食べると一番おいしいだろうか?」と食べ方を工夫しています。

「エクレア」の食べ方もその一つ。正式名称は、エクレール・オ・ショコラ。細長く焼いたシュー生地にカスタードクリームとホイップクリームを挟んで、上からチョコレートをかけた、僕が大好きなスイーツです。

おそらくみなさんの多くは、チョコレート部分を上に向けたまま口に運んでいると思います。僕はそんなもったいない食べ方はしません。チョコレート部分が舌に触れるように、ひっくり返して口に入れます。お寿司もそうですが、最も味わいたい部分が上にある食べ物は、必ずひっくり返して食べるようにしています。おいしいものだけが先に舌に触れる。想像しただけでも、おいしさが口の中に広がってきますよね。

## 使い方の工夫が、与える印象を変える

使い方を工夫するという意味では、ガッツポーズがあります。**テニスにおけるガッツポーズは勝利に近づくための一つのテクニックです。**一般的には、感情が爆発すると自然に出てくるものと思われがちですが、意図的に出しているのがガッツポーズです。

たとえば、第1セットの第1ゲーム。最初のサーブでサービスエースを取ったとします。ここで「よっしゃ〜!」と派手なガッツポーズをつくったとしましょう。はっきり言って、疲れます。ひざを曲げたガッツポーズなら、空気椅子状態です。

最初のポイントで派手なガッツポーズをするプロのテニスプレイヤーはいません。ガッツポーズをつくる意味も、出すべきタイミングもわかっているからです。ガッツポーズには、「自分の気持ちを高める」「相手を萎縮《いしゅく》させる」という効果があります。追い込まれたときやゲームの流れをつかんだときなど、**勝負を左右する場面で繰り出すのがガッツポーズなのです**。それを、トッププレイヤーは経験で身につけています。

そのために、ジュニア合宿ではガッツポーズをつくる練習をします。最初は意識し過ぎて失敗ばかりですが、その経験がプロになったときに展開を変えるほどのガッツポーズをつくる力になります。

**自分なりの工夫は、それだけで自分らしさにつながる**こともあります。

たとえば、新幹線の車内アナウンス。

「次は〜、あ、名古屋、名古屋で、ございます〜」

面白おかしく言っているわけではないと思いますが、その独特のニュアンスは記憶に残るし、僕の心に響きます。それは、自分流が確立されていてオリジナリティがあり、この仕事が好きだという気持ちが声を通して伝わってくるからだと思います。

飛行機のパイロットの機内アナウンスにも興味を惹《ひ》かれることがあります。

「最近、私も年を重ねてきたので、寒いときには首のところをちょっと温めるようにしています。それだけで全然違いますね」と、運航予定や状況にひと言加えるだけで印象がかなり変わります。そんな人柄が出るようなことを話してくれる機長には、「よし。この命、機長に預けよう」と思えてしまいます。

この章では、そんな〝工夫する〟を習慣にする実践例を集めてみました。工夫には限りがないのでまだ発展途上といえますが、習慣にすることで自分らしく生きるきっかけになるはずです。

# ❶ ビュッフェを□□料理にする

# 答え❶

# ビュッフェを懐石料理にする

**常識を変えると楽しみ方も変わる**

どんな料理も、よりおいしく食べる。いつも僕が考えていることです。

おいしく食べるには、工夫することも必要です。もちろんですが、そのままのほうが最高の味を楽しめるのに、「これがオレ流だ！」としょう油をじゃぶじゃぶかけるような失礼な食べ方をするということではありません。

**どんな料理も、さらにおいしく感じられる環境をつくる**ということです。

たとえば、ビュッフェ。

ご存知だと思いますが、大きなテーブルに所狭しと並んだたくさんの種類の料理をセルフサービスで楽しむ食事スタイルです。

僕はビュッフェが大好きです。

朝食、ランチ、ディナー、すべてビュッフェでも大歓迎。その理由の一つは好きなものを好きなだけ食べられるからです。好き嫌いがない僕ですが、ビュッフェのときだけは食べたいものだけを食べるようにしています。

だからといって、**皿にあれもこれもと盛り付けることはしません。**

ビュッフェに並ぶ料理をよく見てください。たくさんの種類が並んでいて存在感が薄れているかもしれませんが、通常は一品料理としてテーブルに運ばれてくるものばかりです。それを一枚の皿にいろいろな料理で山盛りにすると、たしかに贅沢ですが、味を楽しむという視点で捉えるとどうでしょう。僕は、山盛りにすると、本来の一品料理としての味を感じられないのではと思ってしまいます。

そこで僕は、ビュッフェをさらにおいしく食べるためにひと工夫しています。僕が一番贅沢だと思う料理のスタイルをビュッフェに取り入れたのです。懐石料理です。**美味をちょっとずつ味わうスタイルでビュッフェを楽しむ**ようにしています。しかも、サーバー（給仕）にコントロールされることなく、好きなときに取ってきて食べられる。**自分が食べたいものだけで構成され、〝自分サーバー〟で料理が運ばれる、〝マイ懐石〟**。

スモークサーモンや野菜サラダなど、前菜系の料理が大好きな僕は、何度も席を立って料理が並ぶテーブルに向かいます。そして一品だけ盛り付けた皿をテーブルに置くと、「さあ、ここでやって来ました、スモークサーモンです！」。

イメージするだけでワクワクしてきます。

# ② 本番前は□□□□がない人になる

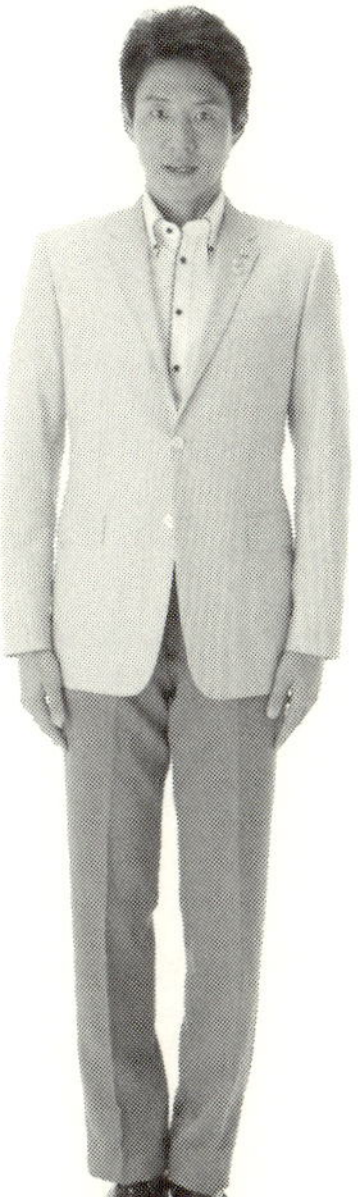

# 答え❷ 本番前は落ち着きがない人になる

**目的に合わせて集中する方法を変える**

企画のプレゼンテーション、就職試験の面接、大学受験、大事なときの直前には集中力を高めたいと誰もが思うはずです。

そのための手法はいくつもあると思いますが、僕は、**その場に合わせて集中力を高**

**める方法を使い分けする**ようにしています。

たとえば、世界を目指すジュニア選手が参加する合宿では、瞑想《めいそう》してから最初の挨拶に出ていきます。静かに心を落ち着かせて、無の境地で集中力を高めること10～15分。たっぷりと瞑想し、そのまま空気感を崩さないように子どもたちの前に出ていくと、いい意味で緊張感を与えることができます。

一方で、『報道ステーション』の出演直前は落ち着きがない人になります。

誰かにやたらと話しかけたり、紙に何か書き始めたり……。**傍《はた》から見るとそわそわしているように映ると思いますが、僕自身の心は落ち着き、集中力はぐんぐん増している**状態です。

テレビ以上に落ち着きがない人になるのは、ＣＭ撮影のときです。

キャラクターとして熱さ全開でハイテンションを保ったほうがいいときは、共演者のみなさんに話しかけて、とにかくじっとしていることはありません。スタッフや共演者は「修造さんは何をやっているんだろう?」と思われているかもしれません。

テレビ以上に落ち着きをなくすのは、僕が演じるプロではないことも理由です。共演する役者さんは、監督の「スタート！」の声で瞬時に演技ができますが、僕はその前からCMのキャラクターになっていないと、自然な演技にならないのです。

たとえば、ファブリーズのCM。僕のセリフは「これ、臭い」。それだけですが、「スタート！」がかかる前から僕の演技は始まります。

「あれ、何か変な臭いしてんね。ねえ、ねえ、ねえ。これ、お前がやったんじゃないか」と共演者に声をかけまくり、その流れのまま撮影がスタートして、最後に「これ、臭い」。監督も共演者の方もわかってくださっているので、適当なタイミングで「スタート」がかかり、共演者も僕の流れに乗ってくれます。

普段ではあり得ないほど大げさなリアクションをする場合も同じです。CM撮影のときには本当に余計な動きばかりをしていると思います。ただ、その余計な動きが目的に向かって集中力を高める最良の方法になっていると僕は信じてます。

# ❸ ホテルの部屋を□□の部屋にする

# 答え❸

# ホテルの部屋を自分の部屋にする

**自分らしさがどこかにあると落ち着く**

プロテニスプレイヤーとして世界中で試合をしていた現役の頃、僕はホテル住まいの毎日でした。一カ所のホテルでの滞在期間は一週間程度ですが、そこをくつろげる場所にできなければツアー選手として負けです。だから僕は**借りている感覚を取り払**

**うために、新しい部屋に入るときは必ず「よろしくお願いします」**と心の中で言っていました。そうすることで、その部屋が自分のものになる感覚があったからです。

程度の差はあると思いますが、みなさんも旅行でホテルに泊まったら、過ごしやすいように部屋を変えると思います。

たとえば、テレビの位置。ベッドに寝転がって、ちょうどいい角度にしたことはありませんか？　僕の場合はテレビの上にスピーカーをのせるのがお決まりでした。

テーブルや椅子を動かす人もいるでしょう。部屋に入った瞬間にカーテンを開ける人もいます。荷物からすぐに服を取り出して、クローゼットにしまったり、目覚まし時計をセットしたり……。

僕は布団や枕もチェックします。自分に合う硬さや厚さでなければ、取り替えてもらうこともあります。たくさんの洗面道具を持ち歩くので、洗面所にそれらを使いやすく並べるのも、部屋に入って最初にやることの一つです。

基本的にホテルの部屋はシンプルなので、どんどん自分の部屋に変えていきます。

プロになったばかりの頃はお金がなかったので、持っていける荷物が20キロほどに制限されていましたが、重量制限のないファーストクラスに乗れるようになってからは、３つのスーツケースに薬、飲み物、ＣＤ、トレーニング器具など多いときは90キロを超える荷物を詰め込んで運んでいました。

宿泊先のホテルにチェックインする度にすべての荷物をスーツケースから出していたので、次の試合のために移動するときは引っ越しするような感覚でした。

**自分が置かれた環境をできるだけ過ごしやすく整えることは、パフォーマンスの向上につながります。**

もちろん、自宅ではない環境を完璧に自分の部屋にすることはできませんが、ポイントを絞って一点だけでも自分らしさを感じられる部分があれば、それだけで心が落ち着くものです。

# ❹ ラーメンに□□□は使わない

# 答え❹ ラーメンにレンゲは使わない

**本気を受け止めると自分がわかる**

僕は本気で向かってくる相手を適当にあしらうことはできません。本気に対しては全身全霊で受け止める。そうすると、自分自身の考え方や感じ方がはっきりと見えてくるものです。

なぜなら、**相手が本気なら本気の自分が自然に出てくる**からです。**僕にとってラーメンは、まさにその本気がぶつかり合うもの**です。料理人と僕の1対1の勝負。だからこそ、席に座ったら上半身だけアンダーウェアになって箸《はし》を握り、食べる瞬間までイメージトレーニングするわけです。

注文するのは、普通盛り。僕の勝手な考えですが、普通盛りは麺、スープ、具材、そして味のバランスが一番いいと思っています。

ラーメンが目の前に来たら、両手で丼を持ち顔に近づけて香りを楽しみます。れんげに麺を取ったり、スープを飲んだりする人がいますが、僕はラーメンを食べるときに、レンゲは使いません。

**れんげを使うと、その小さな枠の中でしか香りも味も堪能できないからです。**

丼を両手で持って顔に近づけると、顔全体をラーメンの香りが包んでくれます。しかも、目の前に広がるのは料理人が見せたい世界。スープの色、スープから顔を出す麺、具材の種類や位置、すべて計算された芸術といえる作品です。

それを間近で見て、丼に口をつけて香りと一緒にスープを飲む。そして麺をツルッとすったときに空気と一緒に口に流れ込んでくる味。これこそが僕にとってのラーメンなのです。だから、なんとなくすすることは絶対に許されません。

それから僕は、**口の中に麺がある間はひと言も話しません**。これはラーメンに限ったことではありません。香りを一緒に楽しむフランス料理なども無口です。「楽しい食事の時間に無口？」と思われるでしょうが、本気で食べようと思ったら、口をやたらと開くわけにはいかないのです。しゃべってしまうと、口の中にあるおいしさを逃がしてしまうことになります。

その料理の旨味をすべて逃がしたくない。

ただし、麺を飲み込んだ後に、あまりのおいしさに「よ〜っ！」と意味不明な声を出すことはあります。自分でも笑っちゃいますが、そういう僕もいるのかと新たに気づく瞬間でもあります。

# 5 テレビは□□□で観る

# 答え 5

# テレビは2倍速で観る

**真剣に観ると心まで聞けるようになる**

僕は報道番組やドキュメンタリーなどは2倍速で観るようにしています。

その理由は3つです。

**一つは、集中力を養おうと思ったから**です。2倍速のテレビは、音声が早口になるだけではなく、映像もどんどん流れていきます。集中していないと何が起きたのか理解できないまま終わります。なんとなく観ると時間のムダになるだけです。

この鑑賞法、じつは脳の活性化につながるといわれています。とくに認知症や高齢者の方には効果があるそうです。2倍速視聴はボーッと観ることができないので、より真剣に聞こうとします。その行為が脳を刺激すると考えると、たしかに効果はあるような気がします。

ただ、最初は聞き取りにくいと思います。一度観た番組を見返すことから始めると慣れるのが早いかもしれません。

2倍速で観る**もう一つの理由は、滑舌の良し悪しがはっきりわかる**からです。

一流のキャスターといわれる古舘伊知郎《ふるたちいちろう》さんや池上彰《いけがみあきら》さんの話し方は本当に聞き取りやすい。滑舌が悪かったり、もごもご話す声は集中してもなかなか理解しづらいものがあります。これは、しゃべることも仕事である僕の参考にしています。

ちなみに、僕の声も2倍速でチェックします。内容をしっかり聞き取れれば、話し方はOKだったと判断しています。

そして**最後の理由は時間の節約**です。通常の半分で情報を収集できるので濃密な時間の使い方ができます。

この2倍速鑑賞法を継続してきたことで、新たな効能も生まれました。本当に人の話がよく聞こえるようになったのです。

先日、インタビューした方の声が特徴的でした。メロディーを奏でるような話し方で声量が小さい。しっかり聞こうと構えなければ、聞き逃すと思いました。でも、その声が何を頑張るわけでもなくはっきり聞き取れる。これは僕の耳の感度が良くなっただけではないと思いました。

人を感じる力が増したのだと思います。

**一所懸命に聞こうとすると、言葉だけではなくその人が心から何を言おうとしているのかを感じることができます。**2倍速鑑賞法は、心を聞く力も強くするようです。

# ❻ 新しいまちに行ったら□□料理を食べる

# 答え❻ 新しいまちに行ったら郷土料理を食べる

## まちの空気や歴史を感じて自分を知る

『くぃしん坊！万才』では初めて訪れるまちで撮影することがよくあります。

いつも暮らしている場所とは異なる環境なので、僕は撮影準備をしている間に目的も決めずにまちをブラブラします。

そこですれ違う人と挨拶を交わしたり、深呼吸をしながらのんびりと歩いたり……。まちの雰囲気をつかむことは、撮影でのインタビューでもおおいに役立ちます。僕がまちの空気に慣れたことで、自然な流れで取材対象者と話ができるからだと思います。

地方で開催されるテニス教室では、『くいしん坊！万才』のようにのんびり散策する時間はありませんが、地元で有名な場所や史跡などには足を運ぶようにしています。観光というわけではなく、まちの空気や歴史を感じるのが目的です。「あ、見た。はい、帰りましょう」ということはありません。

**まちを感じるという意味で欠かせないのが、郷土料理です。**

保存食をおいしく味わう料理、お米が獲れないからこそ進化した料理など、そこには必ず郷土料理として親しまれてきた意味があります。代々受け継がれてきた理由もあります。そして手間がかかっている料理には、深い愛情が込められています。

また郷土料理から想像できるイメージを深く掘り下げていくことで、さらに深くまちを感じることもできます。

たとえば、四国の魚はおいしいといわれます。そこで終わるのではなく、荒波に鍛えられているところまでイメージすると、刺身ひと切れにも「お前は頑張ったんだな、ありがとう」という気持ちが湧いてきます。

**海外に出ると、人や文化の違いから日本を感じることができます。**

イギリスに行ったときには、寒い時期にもかかわらず半袖・半ズボンの人が悠々と歩いていたり、雨が降るとわかっていても傘を持っていない人が多かったりしました。同じ人間なのに、文化や生活の違いでここまで違うのかと感じたものです。

また、日本人がどれだけ便利に生活しているかも実感します。たとえば、海外に日本ほどコンビニエンスストアが揃《そろ》っている場所はありません。だから、日本はいいと思うこともありますが、苦労する、手間をかけるというありがたみが薄くなっていたり、全員で助け合うことが少なくなっているのかなと感じたりもします。

**まちを感じることは、自分が暮らす環境を再認識するいい機会にもなるのです。**

習慣その3

# 準備する

## 準備は量よりも質である

準備という言葉を辞書でひくと、「**あることをうまく行うために、前もって仕度すること**」（大辞林 第三版）と書かれています。

つまり、ただ忘れ物をしないように必要なものを揃えたり、会議を乗り切るために資料を作成するだけが準備ではないと捉えることができます。

必要なものを揃えることも資料を作成することも、その先にある目標の達成にはっきりとつながっていかなければ意味がないということです。

そのためにまず必要なのは、

「○○大学に必ず合格する」

「この企業に就職する」

「今回の契約は必ずまとめてみせる」

「常に自分らしさを表現する」

といった目標を設定することです。そのうえで体の準備、頭の準備、心の準備を整えていく。それらがすべて揃って初めて目標達成に向かうことができます。

40歳を迎えても、そのプレーが高く評価され続けているメジャーリーガー、イチロー選手も言っています。

**「しっかりと準備もしていないのに、目標を語る資格はない」**

僕はこの言葉の〝しっかり〟という部分に注目します。

それは、**準備は量よりも質**だと思うからです。どれだけ時間をかけて完璧に準備したとしても、ポイントがズレた準備では目標に到達することはできません。

テニスの練習で言えば、ストロークばかりを一所懸命に練習する人がいます。ストロークも疎かにはできませんが、試合に勝つことが目標ならサーブ練習のほうが大事です。なぜなら、テニスの試合で唯一自分でコントロールできるのはサーブだからです。しかも、サーブを打つ権利は相手と交互に与えられます。

**目標達成のために何が必要なのか考えること。**それが〝準備する〟の始まりです。

だからこそ僕は、ジュニア合宿で選手たちに問います。

「その一所懸命は本当に正しいのか？」

一所懸命な姿は、とても頑張っているように見えます。でも、どんなに一所懸命でも、間違ったことを続けていては時間を浪費するだけです。

## 準備は本番直前まで続く

**準備段階から本番をリアルにイメージすることも大事です。**


僕は、ジュニア合宿初日に子どもたちに話す最初の言葉を練習するとき、子どもたちの表情をはっきりと思い浮かべながら何度も繰り返します。

フィギュアスケートのGPシリーズ、オリンピック、世界水泳などの中継であれば、目の前で競技が行われている、あるいは試合後の選手が目の前にいる状況をイメージしながらコメントやインタビューを練習します。

本番をイメージすると、準備の段階で「これはいらないな」と思うことがよくあります。「言っても仕方がない」「まどろっこしい」。何度も練習することでムダな部分が削られ、より本番に生きる準備になります。

本番を考えると、邪魔《じゃま》を入れることも良い練習になります。というのは、本番にハプニングは付きものだからです。僕の子どもたちが学校で披露《ひろう》するスピーチの練習をしていたときに、次々に邪魔を入れました。話しているときに音楽をかけたり、ほかのスピーチを流したり、テレビを点けたり、僕自身が変な動きをしたり、全然聞いていないふりをしたり……。

邪魔されるほうはムカつくかもしれませんが、何が起きるかわからない本番に少しは強くなれると思います。

さらに準備は、本番の直前まで続きます。

直前になると緊張や興奮が高まってきます。ガチガチで冷静さを失った状態では、練習で積み上げたことを本番で発揮できません。**緊張をやわらげ、気持ちを落ち着かせ、心に余裕をつくるのも準備です。**

数字で表現すると、**2割の余裕と8割の緊張感がベスト**だと僕は思います。スポーツにおいても8割ぐらいの状態で試合に臨むとベストパフォーマンスを発揮するといわれます。余裕があると、その場に合わせて修正することができるからでしょう。

何が起こるかわからないのが本番です。そこで起きたことにいかに対応できるか。そのために戦略や戦術、フォームなどを修正していく能力と余裕がなければ、トップレベルで勝ち続けることは難しいと思います。

ここまでしっかり準備するには、やはり習慣にすることが大切です。この章で紹介するのは、そんな〝準備する〟実践例です。コツコツと積み上げていくイメージがあるかもしれませんが、僕の行動原理は、「楽しく」です。楽しいと感じるからこそ続けられるし、習慣になっていくのだと思います。

# ❶ 失敗を□□する

# 答え❶ 失敗を練習する

**失敗しても最後まで続ける**

『報道ステーション』『炎の体育会TV』といったテレビ番組、ジュニア選手の合宿、講演会……。これらは今の僕にとって真剣勝負の本番です。

みなさんにも、クライアントへのプレゼンテーション、取引先との商談、取締役も参加する企画会議、就職試験の面接など、僕と同じように本番があると思います。

こうした本番を前に、何の練習もしないで臨むのは無謀《むぼう》というものです。僕も含め多くの人は、何度も繰り返し練習して、本番に備えていると思います。

僕が『報道ステーション』に出演するときは、自分のコーナーの時間を迎えるまで、ひたすら冒頭のコメントを練習します。人の名前や所属先など、絶対に間違いが許されないのが冒頭のコメントだからです。1時間前から隣のスタジオに入り、声を出しながら何度も練習します。10分前に本番用のスタジオに移動してからも、邪魔にならない隅のほうで出演する直前までさらに練習を続けます。

この練習に、最近ちょっとした工夫を追加しました。

それは、ソチオリンピック・フィギュアスケート、男子シングルの金メダリスト・羽生結弦《はにゅうゆづる》選手が練習に取り入れていたことです。

オリンピックの演技を観た方は覚えているかもしれませんが、羽生選手は本番冒頭で4回転ジャンプに失敗しました。しかし、気落ちすることなく最後まで滑り切り、金メダルを獲得することができました。

その後、インタビューする機会があった僕は早速、質問しました。

「失敗した瞬間、焦ったんじゃないですか？」

「いいえ。あの状況は練習でクリアしていたので」

すぐに切り替えられたと言うのです。その理由は練習にありました。

**羽生選手の演技練習は、途中で失敗しても最後まで滑り切ります。**最初からやり直すことはありません。この練習は、男子フィギュアの絶対王者だったパトリック・チャン選手から学んだそうです。

つまり、僕が取り入れた工夫は、〝**失敗しても最後までやる**〟ということです。僕の場合なら、言葉に詰まっても、言うことを忘れても、最後まで話し切る。本番のときに「間違えたので最初から」というのはあり得ないですからね。

つまり、何が起きるかわからない本番に強くなるには、**何があっても最後まで続ける練習が効果的**というわけです。

## ② 始める前に

「□□□□□□□□□□」

# 答え❷
# 始める前に「よろしくお願いします」

**集中する準備は直前から始める**

本番直前の最後の準備。緊張や興奮をやわらげて、集中力を高める。僕は現役の頃からいろいろなメンタルトレーニングに取り組んできたので、いくつかの集中する方法を身につけています。

たとえば、本番直前から始める瞑想です。

半眼状態で無の境地に入るのではなく、浮つく心を落ち着かせる瞑想です。**両腕をだらりと下げて、振り子のように前後に揺らしながら大好きなものを1つだけ思い浮かべます。**僕の場合は富士山です。親の笑顔、子どもの顔、大好きな恋人、ふるさとの風景、頭に浮かぶイメージをじっと見ることで徐々に集中力が高まってきます。

**本番前に、お尻の穴を締める**こともあります。

人生哲学で「絶対積極」を唱えた中村天風《なかむらてんぷう》先生の教えから取り入れたクンバハカ法です。最初は意識しても短時間しかできないかもしれませんが、お尻の穴を締めると体中のエネルギーが1つになって、ひと言発するだけで気合いの入り方が違ってきます。締めた瞬間から変わるので、ぜひ試してみてください。

そして集中力が高まったところで本番直前に、「よろしくお願いします」。

先日、僕が大好きな気功の先生を訪ねたときに、「よろしくお願いします」と声を発するだけで、子どもが大人よりも力を発揮できるという話を聞きました。

僕自身もそれは実感しています。**「よろしくお願いします」と言うことには気を一点に集中させる力があるようです。**

テニスのジュニア合宿でも子どもたちに「よろしくお願いします」と言ってボールを打たせることがあります。これだけで打つフォームも、ボールに伝わるパワーも確実に変わります。

もちろん声に出せない場面もあります。僕の場合は『報道ステーション』で古舘さんの隣に座った瞬間です。そういうときは心の中で「よろしくお願いします」。それだけで全身に力がみなぎるような感覚があります。

古舘さんの隣に座っている時間は、僕にとっては勝負です。

なぜなら、スタッフと一所懸命考えて、取材してきたものを「どうですか？　みなさん」とプレゼンする時間だからです。視聴者がＶＴＲに入りやすいように、できるだけ自然体で話さなければいけないこともわかっています。そのすべてをわかったうえで集中する方法が、本番直前の「よろしくお願いします」なのです。

# ❸ 錦織圭を□□するな！

# 答え❸

# 錦織圭をマネするな！

**人のマネより自分が持っている才能を伸ばす**

僕は応援するのが大好きです。

この性格は得だなあと思います。本気で応援すると相手と同じ気持ちを味わえるので、確実に力をもらえるからです。

他人のことを自分のことのように応援できる力を持っていると、何もしていないのにいろんな経験を自分自身に注入することができます。

客観的に「あの人、すご〜い！」と驚くだけではなく、応援するときにはその人自身になりきっちゃったほうがいいと思います。相手は同じ人間ですからイメージできるはずです。ただ、なりきってイメージしても、羽生選手のようなスケーティング、錦織選手のようなプレー、つまり天才的な感覚が身につくわけではありません。

**とんでもない才能を持つ選手のプレーは、高度な技術だけでなく、天才的な感覚と発想力から生まれるものです。**

だから僕は、ジュニア合宿などで子どもたちに厳しく言います。

「錦織圭をマネするな！」

誰もが予期せぬところで、あっと驚くプレーをするのが錦織選手が天才といわれる所以《ゆえん》です。その感覚がなければ、錦織選手のようなプレーは不可能です。

だからといって、錦織選手のようなトップ選手になれないわけではありません。テニスは感覚や発想力だけでなく、技術、体力、メンタル、戦略などが求められる総合的なスポーツだからです。

**大切なことは、自分が持っている才能を見つけて、伸ばすことです。言い換えれば、自分らしさを発見し、磨くこと**です。これは、テニスに限らず、どんな仕事にも当てはまることだと思います。

〝仕事ができる人〟のマネから始めるのが仕事の基本と言う人もいますが、その人を超えるために最後に求められるのは、オリジナリティ。人は個々に特長があります。繰り返し努力することが得意な人、他の人より体力のある人、少々叱られても動じない人……。そんな自分の特長を伸ばしていくことが、自分を大きく成長させる近道だと思います。

# 4 筋トレは□□中でもできる!

# 答え❹

# 筋トレは会議中でもできる！

**正しい姿勢は筋トレになる**

体を鍛えておくことは、いろんなことをするうえでの大切な準備です。僕はコンディションを整えるためにスポーツジムを利用していますが、会議室で人と話していても、体を鍛えることができます。

方法は、**正しい姿勢を維持して少し深い呼吸をするだけ**。

椅子に座ったら、胸を突き出して、肩甲骨《けんこうこつ》を合わせる感覚で背筋を伸ばす。そうすると首が真っ直ぐに立って腰への負担が軽減されます。そのうえで丹田《たんでん》（へその下あたり）に力を込めて呼吸をする。首と丹田を意識することは腹筋、背筋に適度な刺激を与えます。ジムでトレーニングするほど負荷はかかりませんが、どこでもできる体幹トレーニングです。

体幹を鍛えて正しい姿勢を維持すると、周りに与える印象も変わります。背筋が伸びた姿勢は凛《りん》とした雰囲気をつくるからです。「お前、諦《あきら》めるなよ！」と背筋を伸ばした人に言われるか、背中を丸めた人に言われるか。説得力の違いはわかると思います。

この**トレーニングはトイレでもできます**。僕が一番落ち着ける場所はトイレです。そこで長時間、本を読むのが僕の習慣の一つです。

正しい姿勢が体幹を鍛えることになると気づくまでは、前かがみになり、太ももに肘《ひじ》をのせて本を読んでいました。その体勢を長く続けると、首と腰に負担がかかるだけではなく、足もしびれます。

正しい姿勢で読むようになってからは目線の位置まで本を持ってくるので腕は疲れるようになりましたが、悲鳴をあげているのは僕の心だけです。「腕、疲れる。全然、楽じゃない！」と。でも、負担が減った体は喜んでいます。しかも、慣れてくると腕も楽になって、心も「この姿勢、アリかも」と思い始めています。

椅子に座った状態であれば、ひざを守る大腿四頭筋《だいたいしとうきん》を鍛えることもできます。**脚を伸ばして、ほんの少し持ち上げて宙に浮かせる**。そして深く呼吸をする。現役時代からひざが悪い僕には、とても効果的なトレーニングです。

大腿四頭筋のトレーニングは電車の中でもできます。吊り革をほんの少し握って、軽くひざを曲げる。テニスで相手のサーブを待つときのレディ・ポジションに近い姿勢です。その状態で電車の揺れを吸収する。サーフィンで波に乗るような「自分、耐震構造」です。感覚をつかむと、電車で座るよりも楽しい時間を過ごせます。

## 修造流会議中筋トレ❶

椅子に深く座り、あごを引き、肩甲骨を合わせるようにして胸を突き出しながら背すじを伸ばします。両手をひざに置いて、丹田に力を込めて呼吸を繰り返します。姿勢が良くなるだけでなく、腹筋と背筋を強化する体幹トレーニングになります。

## 修造流会議中筋トレ❷

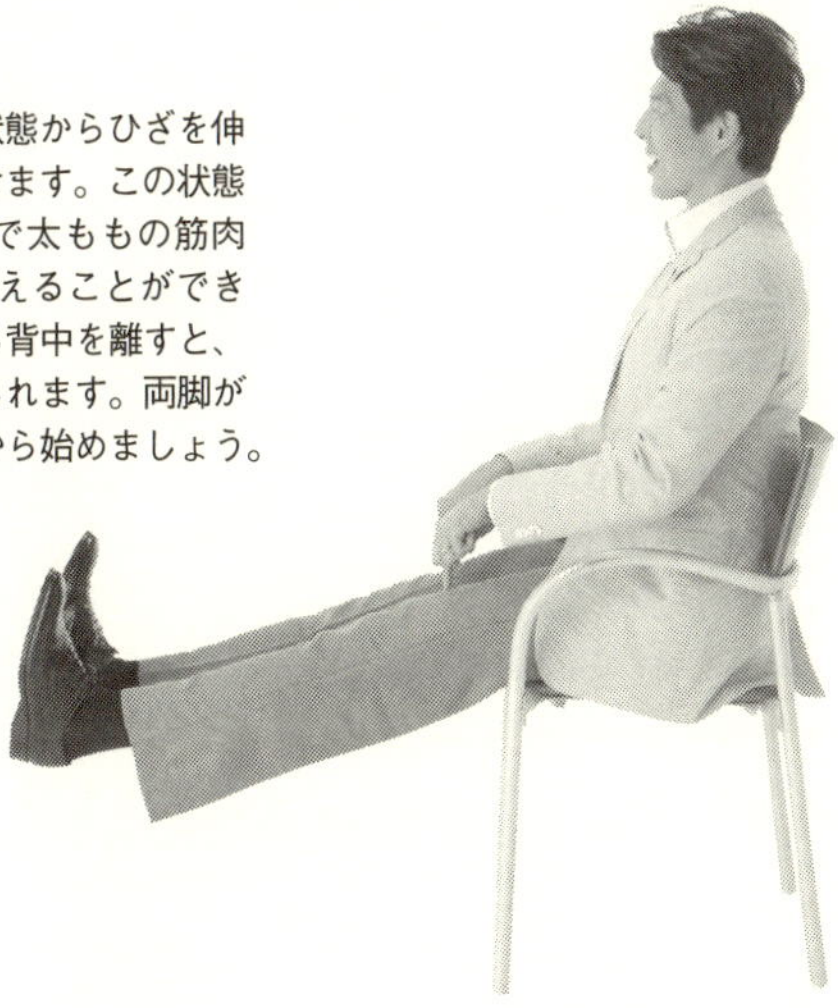

椅子に深く座った状態からひざを伸ばして両脚を浮かせます。この状態をキープするだけで太ももの筋肉（大腿四頭筋）を鍛えることができます。背もたれから背中を離すと、さらに腹筋も鍛えられます。両脚がきついときは片脚から始めましょう。

# 修造流トイレ筋トレ

会議中筋トレ❶のトイレバージョンです。便器に腰を下ろしたら、会議中と同じように肩甲骨を合わせるようにして背すじを伸ばします。トイレで雑誌や新聞などを読む人は、腕を上げて目線を下げずに読むようにしましょう。背すじを伸ばすことで便通もよくなります。

トイレで雑誌や新聞などを読むときに注意したいのが腕の位置。肘を太ももの上に置いて背中を丸めて読み続けると、筋トレ効果がないだけでなく、滞在時間が長くなればなるほど首や腰に負担をかけることになります。

## 5

□□□□に
開き直る

# 答え5 GOODに開き直る

**そこまでの自分を捨てると素になれる**

「オレは開き直るのが得意なんだ」

料理人の道場六三郎さんは僕にそう話してくれました。

1990年代に一世を風靡《ふうび》した料理番組『料理の鉄人』。道場さんは〝和の鉄人〟

として並み居る料理人の挑戦を退《しりぞ》けていきました。そのなかでご飯が炊けないというアクシデントに見舞われたことがあったそうです。理由は、炊飯器が最新型だったから。使い方がわからなかったのです。

そこで得意の開き直り。道場さんは、ご飯を炊かずに何ができるかを考えて、その局面を乗り切ったそうです。

そんな開き直りを得意としているプロテニスプレイヤーといえば、クルム伊達公子《だてきみこ》選手です。1996年の対シュテフィ・グラフ戦。前日に左足をケガした伊達さんは第1セットで5ゲームを連取されました。僕はケガのことがあったので「無理するな〜」と声をかけたら、即座に返ってきたのは「うるさい！」。

そこからが伊達さんの開き直り。超が付くほどの攻撃的なテニスで5ゲームを取り返して、最終的には勝利をつかみました。

開き直りには、「観念してふてぶてしい態度に出る」という意味があります。でも、道場さん、伊達さんの開き直りは違います。

意味通りに捉えると、「もういいや」と諦めて投げ出すイメージですが、二人とも追い込まれた瞬間に捨てたものは勝負ではありませんでした。

**追い込まれて捨てたのは、「追い込まれる状況をつくった自分」**です。

仕事でも勉強でも、スポーツでも「ん？　このままはまずいんじゃないか」と思う瞬間があります。そこで、それまでやってきたことを一度捨てる。なかなか難しいことですが、いい意味で開き直れる人は捨て切ることができます。

**追い込まれる状況をつくった自分を捨てると何が残るかというと、本来自分が持っているもの**です。道場さんも伊達さんも、開き直った瞬間に、その持っているものだけで勝負に出たということです。

僕は、この姿を「GOODな開き直り」と命名します。

うまくいかないときに「よっしゃ、開き直った！」と準備したものを一度捨てる。それもまた、新たなパワーを生み出す準備になるといえます。

# ❻ 「くだらない」は□□言葉

# 答え6 「くだらない」は褒め言葉

**くだらないからこそ斬新な企画になる**

企画やアイデアを出し合う会議では、とにかく思いついたアイデアはすべて出すことです。でも、なかなか意見を言わない人もいます。そういう人は、出すアイデアはすべていいものでなければいけないと思っていませんか。**出てくるアイデアが、すべ**

**て称賛されることなどほとんどありません。**

「くだらないなあ」

「却下！」

僕が出すアイデアも、そう言われることがほとんどです。ただ、僕は却下されたくだらない発想の中にも、斬新な企画になるヒントがあると考えています。

テレビ番組の『炎の体育会ＴＶ』で錦織選手と5人のタレントさんがテニス対決する企画がありました。そのとき僕は、錦織選手を倒すためにいろいろな5人のフォーメーションを考えましたが、採用されたフォーメーションの裏にはその何倍もの却下された僕のアイデアがありました。

**アイデアがボツになることを、僕はまったく気にしません。**却下されたアイデアが誰かに迷惑をかけたり、誰かを傷つけたりしているわけではないからです。だから、遠慮することなく、どんどんアイデアを出し続けています。それがヒット企画になる準備だからです。

もし、僕のアイデアをいったん誰かに聞いてもらってから提出するとしたら、おそらく5分の1、いや10分の1くらいに激減すると思います。常識的な判断ができる人が目を通すと、アイデアの多くは「くだらない！」「あり得ない！」「意味がわからない」ものばかりだからです。

でも、不思議なことに、他の人から「くだらない」と言われたアイデアのほうがよく形になります。つまり、僕にとって「くだらない！」は褒《ほ》め言葉なのです。その言葉を聞く度に「このアイデアは面白いかも」と思えてきます。

**自分の中から湧き出たものはすべてアイデア**です。「これはつまらないな」と勝手に判断するのはもったいない。消すのはいつでもできます。自分ではなくても、会議の中で誰かが削除してくれます。

「くだらない。何やってんだ」というアイデアがヒントになって大ヒットになったという商品や企画はよくあります。だから、僕は「くだらない」と言われたアイデアをこう応援します。「くだらない？　だから、いいんじゃん」と。

習慣その4

# 切り替える

## 自分をコントロールして〝切り替える〟

誰にでもネガティブなことは起きます。

「営業先でうまく説明できなかった」

「上司に仕事の進行具合で小言を言われた」

「人気のランチと聞いていたのに、おいしくなかった」

「帰りの電車で買ったばかりの靴を踏みつけられた」

程度の差はあると思いますが、ネガティブなことが一つもなかったという日はないと思います。でも、それは僕も含めてみなさん一緒です。

ただ、嫌な感情が出てきてからは違います。すぐにその感情を解消できる人と、ずるずると引きずる人。長く引きずると、仕事に悪影響をおよぼすのはもちろん、眠れなくなって体調を崩したり、立ち直るまでに相当な時間がかかることもあります。

どんどん自分らしさを失っていくことになります。その姿は自分だけではなく、周りにも迷惑をかけることになります。

僕は、ネガティブなことにとても敏感なタイプです。

かなり離れた位置で僕のことを話していても（しかも小声で）、瞬時に察知します。

そんなときの僕の耳はダンボ状態。僕を悪く言っているんじゃないかと感じたら、ダンボの耳はあり得ないくらい大きくなっていきます。

そのまま受け止めていたら、解消するのに時間がかかって何もできなくなると思います。そんな噂《うわさ》話やマイナス要素になりそうな言葉が耳に入って、**ネガティブな妄《もう》想《そう》が膨らんできたときに、僕は心の中で「ストップ！」と言います。**

だからといって、ネガティブな妄想が消えるわけではありません。「ストップ！」と言うことで、妄想をやめて聞こえた言葉を正しく判断する時間をつくるのです。ネガティブに捉えそうな言葉でも、僕のことを考えて発した意見もあるからです。

**「ストップ！」のひと言で取捨選択《しゅしゃせんたく》していけば、それ以上は自分の心にネガティブな妄想が入ってこなくなります。**

それでも勝手に妄想が膨らんでいく場合は、選手時代に教わったメンタルトレーニングを活用します。嫌なことを言われたときに、すべてをひっくり返す語尾をつける。「アイツはダメだ」「つまらない」という言葉に対して、「ダメじゃないはずだ！」「つまらなくないはずだ！」と。その強い気持ちがあれば、嫌なことにも立ち向かっていけるものです。

## ネガティブの捉え方で〝切り替える〟

ネガティブなことをどう捉えるかが、切り替えるスピードの鍵を握っています。

たとえば、「○○すればよかった」と何度も言う人がいます。これはネガティブ要素をどんどん膨らませるうえに、別のネガティブ要素を生むことになります。

「今日はイタリアンよりもお寿司にすればよかった」

「この企画よりも別の企画のほうが面白かった」

「こうなる前に一度、上司に相談すればよかった」

このセリフを一度言うだけなら、前向きな反省と捉えることができます。原因も簡単に探すことができます。「別の選択肢があることを忘れていた」「思いつかなかった」というのがほとんどです。

だったら、次の機会は気をつけようと思えば、その時点で反省は終わりです。それ以上考える必要はありません。

ところが、何度も「○○すればよかった」と言う人は、そういうシンプルな問題であることに気づかなくなっています。できなかった悔しさばかりが脳を支配しているからです。だから、何度も口にする。でも、できなかった事実は変わらないのでストレスが溜《た》まる。負の連鎖はそれだけでは終わらず、できなかったのは誰かのせいだということになっていることもあります。

「どうして、お寿司は？って言ってくれなかったの」

「こういうときこそ、上司から話しかけるべきだ」

完全に見るべきポイントがズレています。**ネガティブなことからできるだけ早く切り替えるには、事実を素直に見ることも大切**なのです。

事実だけに目を向けると、自分に何ができるかも見えやすくなります。嫌なことが起きた瞬間に、「オレはもうダメだ」「あの人は嫌だ」「仕事は終わりだ」と言っても切り替えられるわけがありません。

そういう言葉が出てくる前の段階には、自分のライフスタイル、上司との人間関係、それまでの仕事の過程といった要素が必ずあります。

現役の頃の僕であれば、ケガはまさにネガティブ要素でした。そこで何ができるかを考える。リハビリ、思考の整理、戦略の練り直しなど、復帰するまでにできることはたくさんあります。それに正面から取り組むことでも切り替えられることがあります。

**〝切り替える〟を英訳すると、〝switch〟。**

**ネガティブを何に置き換えるか、変化させるかで立ち直るスピードは大きく違ってきます**。この章では、そんな〝切り替える〟ための実践例を紹介します。

# ❶ イライラしたら半径1メートルにマイ□□□□

# 答え❶

# イライラしたら半径1メートルにマイシールド

**30秒～1分で冷静な自分に戻れる**

メンタルの弱かった僕は、現役時代にいろいろなメンタルトレーニングに取り組んでいました。そのなかに、**感情的になったら自分の周囲に円を描き、その内側にいる姿をイメージしなさい**と言われたことがあります。

その考え方はいいと思いましたが、そのまま取り入れたらメンタルトレーニングにコントロールされてしまいます。やらされている感が大きくなるということです。それだとやらなければならない課題になって、窮屈《きゅうくつ》に感じてしまいます。

だから僕は、どうすれば面白く続けられるかと考えました。というのは、自分流にアレンジすると長く継続できるし、効果も高いと思っているからです。

円を描くトレーニングで僕が考えたアレンジは、〝マイシールド〟。SF作品に登場する身を守る薄い膜のようなものです。

感情的になりかけたら、自分を中心に半径1メートルにマイシールドを張る。『スター・ウォーズ』好きの僕にとっては最高のイメージです。

どういうときに、そのマイシールドを発動させるのか。

たとえば、会社に向かう満員電車の中で誰かの肘が当たったり、バッグで押されたりしていると、イライラしてくるものです。

「あと何分だ。この電車、いつもより遅いんじゃないか！」

そんなことまで思ってしまった瞬間に、シュッと僕を包み込むのがマイシールドです。**シールドの中に入れば、外部との関係性は完全に遮断されます。**

あとは感情的になりかけた僕自身をコントロールするだけ。

シールドの中で何をするかといえば、「1、2、3……」と数えたり、意味はありませんが「ありがとう」と感謝したり、ゆっくり呼吸したり……。その場とはまったく関係ないことを意識的にゆっくり行います。時間にして30秒〜1分。マイシールドから出ると、僕はすっかり冷静になっています。

**ただ、マイシールドは外部から破ることはできませんが、自分から破るのは簡単です。**とくに家族に対しては感情的になったり、甘えが出たりするのでマイシールドの効力を発揮できずにシールドを破りがちです。

〝シールド自分破り〟をしているようでは、僕もまだまだですね。

❷

□□ながら寝る

# 答え❷

# 笑いながら寝る

## 笑顔をつくると嫌なことが消える

嫌なことを言われた上司の顔、上から目線で指示を出す先輩社員、自分の答えを鼻で笑った面接官、おいしくなかったランチ……。簡単には消えてくれない嫌なことはたくさんあります。解消したくて友達と楽しい食事をしたのはよかったけれど、部屋に戻ってベッドに入ったら、むくむくと嫌なことをまた思い返してしまう。

そういう経験がみなさんにもあると思います。

しかも、何も考えないようにしようと思うほど、嫌なことはリアルに浮かんでくるものです。良い睡眠のポイントは眠りに入る瞬間といわれています。**嫌なことを思い浮かべたまま眠ってしまうと潜在意識に悪い影響を与えることになります。**

それはいけません。だから僕は、**寝る直前に意識して楽しいことを考える**ようにしています。

以前からやっているのは、おいしい食事の時間を思い返すことです。

たとえば、3日前に大好きな寿司屋に行ったことを思い出す。何を食べたかだけではなく、寿司屋に入る瞬間から僕の一挙手一投足、そこで感じたすべてをリアルに思い浮かべます。最初の一貫目が見惚《みと》れてしまうほどの職人技で目の前に差し出される。それをつまんで、口に運んで、舌にネタがふれた瞬間の感動……。

ワクワクし過ぎて眠れなくなるんじゃないかと思われますが、気づけばぐっすり眠っています。

**楽しく迷うというのもぐっすり眠る一つの方法**です。

普段の生活では迷うことはあまり良しとはされませんが、迷うことはじつに楽しいものです。僕は迷っていいと言われたら、ずっと迷えます。決断する必要がないので、これもいいな、あれもいいなと考えられていい。夢の中であれば、すべてが手に入る感覚もあります。

僕が最近実践しているのが、笑いながら寝ることです。面白いことを考えるわけではなく、笑顔で寝るというだけです。**口角を上げて、目尻を下げる。それだけでなんとなく楽しい気持ちになれます**。ときには「オレ、何をやってんだ」とおかしくなってきます。

それで十分。気づけば、嫌なことを忘れてすっかり眠りにつき、気持ちいい朝を迎えることができるはずです。

# ❸ 怒りは誰かに□□と楽になる

## 答え❸

# 怒りは誰かに話すと楽になる

**身近な人の冷静な答えは心が落ち着く**

「これって、どう思う?」

**感情的になりそうなことが起きると、僕は妻に聞いてもらいます。**

僕には自分が思ったことを白い紙に書き出して考える習慣がありますが、これは人に聞いてもらうバージョンです。

なぜ、妻なのか。僕のことを心から思ってくれる人だからです。そういう人は冷静に話を聞いて、イエスマンにならずにはっきり答えてくれます。

「そんなに気にしなくていいと思うよ」

「それはすぐに謝ったほうがいいね」

そういう答えを聞くと、僕が原因であってもなくても「あ、そうだよね」と素直に受け入れられるし、心も落ち着いてきます。

ただし、**話を聞いてもらうときに注意すべきことが1つ**あります。

それは、**自分が有利になるように話さないこと。**フラットな状態で話さなければ、聞いた相手も答えが出せなくなります。でも、つい自分に有利な話をしたくなるのもわかります。

僕はそういう相談を受けると、「あなたの話だけなので、確かなことは言えないかもしれませんが……」と答えます。

相手にとっては答えになりませんが、偏った話にはこう返すしかありません。

いきなり話すと自分に有利な話になってしまうなと思ったら、起きたことをそのまま書き出すという方法もあります。

じつは、書き出している時点で、自分自身が冷静になってイライラが鎮まる可能性もあります。書き出しても落ち着かないようだったら、信頼できる友人や知り合いに相談してみましょう。書き出していれば偏った話にはならないはずです。


ちなみに、僕が妻とケンカしたときは、子どもたちが話を聞いてくれます。僕専用の「逆子ども相談室」です。妻と口論した後に「どっちが悪い?」と聞くと、必ず「どっちも悪くない」と答えます。

その理由は「お父さんは少しイライラしたからこう言ったでしょ。お母さんは、お父さんのことをすごく想っているからこう言ったんだよ」。

じつに的確な分析なので、素直に聞き入れることができます。

# ❹ 面倒くさいことが起きたら「□□□□、面倒くせえ」

# 答え4

## 面倒くさいことが起きたら「よっしゃ、面倒くせえ」

**ネガティブにはプラスの面が隠れている**

ネガティブなことがすべてマイナスばかりとは限りません。ネガティブなことをよく考えてみると、プラス要素が隠れていることに気づきます。

たとえば、アスリートにとってケガはネガティブでマイナスです。

でも僕は、ケガを通していろいろな人に対する感謝の思い、テニスをしたいという自分自身の強い気持ちに気づきました。

**ネガティブなことが起きても、そこにプラス面があることに気づけば、表面的にはネガティブでも人生にとってマイナスになることはない**と思っています。

面倒くさいと思うことも、そこにはプラスの要素が含まれています。

たとえば、先輩社員から膨大な資料集めを頼まれる。しかも、自分にはまったく関係のないプロジェクトの資料。やりたくない仕事だと思います。「あ〜、面倒くせえ」と言いたくなる気持ちもわかります。

面倒くさいバロメーターがあれば、ピューンと急上昇することでしょう。でも、この超が付くほど面倒くさい仕事こそ、自分にとっては大きなプラスになるのです。

**面倒くさいことは、自分にとって何の意味もないように思えますが、やり遂げるだけで確実に地力がついていきます。**

スポーツでいえば土台を固める基礎練習のようなものです。

基本的に同じことを繰り返す反復練習はつまらなくて、地味で、面倒くさい。でも、そこを怠ると成長するための糧を失うことになります。

だから、僕は「あ〜、面倒くさい」という気持ちが湧き上がってきたら、

「よっしゃ、面倒くせぇ」

と言い換えて気合いを入れます。

新人時代は、とくに面倒くさいことが多いものです。

そういう仕事に取り組んでいるときは、嫌々続けるよりも、自分は努力していると勘違いしてください。

なぜなら、**面倒くさくない努力はない**からです。しかも、面倒くさいことは頑張らないと乗り越えられません。頑張って乗り越えた先にあるのは、成長です。

そういう意味では、面倒な仕事を終えたら、「成し遂げた。すげえぞ、オレ」と心の中で思い切り叫んでいいと思います。

# ⑤ 呼吸法で嫌なことを□□に変える

# 答え 5

# 呼吸法で嫌なことを笑いに変える

**嫌なことは呼吸とともにサヨナラできる**

みなさんにもそれぞれに、嫌なことを忘れる方法があると思います。カラオケで歌う、居酒屋でおおいに酒を飲む、ドライブする……。でも、毎日、カラオケに行ったり、ドライブする時間はなかなか取れないと思います。たまに出かけて、一気に解消できるならいいのですが、小さな嫌なことや時間が経ったものは忘れているようで、じつは心の中に残っているものです。

僕はそんな嫌なことを消し去るために呼吸法を活用しています。

**お尻の穴をしっかり締めて、腹筋に集中して鼻から空気を吸い込み、頬《ほお》を膨らませてフーッと思い切り息を吐き出す。**全身を使った激しい呼吸法です。

ここまでは、いわゆる体幹を鍛える呼吸法に似ていると思います。

僕がこの呼吸法で最も意識するのは、何を吐き出すかです。

**口から息を吐き出しながら、嫌なことも一緒に吐き出します。**たとえば上司とのトラブルだったら、上司の名前を連呼しながら息を吐きます。他の人にはっきりわかるような言葉にならなくてもいいので、とにかく吐き出す息に、嫌なことを乗せてサヨナラします。激しく吐き出すからこそ、必死に体の中に居つこうとする嫌なことが勢いよく飛び出していく。

僕は、そう考えることにしています。

この呼吸法で嫌なことを吐き出したら、僕の体の中に嫌なことは残りません。

その日の朝、妻とケンカをして、昼間にマネージャーと口論しても、この呼吸法ひとつですべて消えます。不思議ですが、嫌なことに勝った気分にもなります。

ストレスや怒りに振り回されていると、無意識に自分が負けたような感覚になっていますが、この呼吸法なら一気に解消することができます。

また、**この呼吸法のいいところは、真剣にやればやるほど、途中でバカらしくなってきて笑ってしまうところです。**呼吸する度に笑顔になってきて、いつの間にか嫌な気分は消えています。それでも、まだイライラが残るようなら出し切っていないということです。

そのときは、もう一度チャレンジ！

脳から嫌なことをすべて胸までおろすイメージで、「全部、言っちゃうぞ〜」と息を吸い込み、ふぅーっと吐き出して笑ってしまいましょう。

習慣その5

# 受け入れる

## 〝受け入れる〟ことで自分らしさをつくる

自分らしく生きるには現実を〝受け入れる〟ことも大切です。

**良いこと、悪いこと、どうしようもできないことなど、素直に受け入れられると、それは自分らしさをつくるヒントになります。**

僕も人間なので「コイツは嫌だな」と受け入れられない人はいます。

そういうときは、「話してみないとわからないぞ」という気持ちで上書きする作業を意識的にしています。もちろん無理に合わせる必要はないと思うので、無視するという方法もありますが、最近は、それでもやはり得はないだろうなと思うようになってきました。

味方になってもらおうというわけではありません。ただ、人は反発する気持ちをどこかに持っていると、相手にも伝わるものです。それでは損をする可能性があるので、僕はそういう相手に対してはとても冷静な受け答えをします。人間関係のなかには、そういう適度な距離感を保つ受け入れ方もあると思います。

ただ、世の中にはどんなことでも受け入れざるを得ないこともあります。

たとえば、テレビやＣＭに出演する僕に対する感想です。

「コイツ、暑苦しいな」

「あまり面白くないな」

「やっぱり、熱いよ！」

これらを僕がコントロールすることはできません。可能ならば、すべての人に好かれたいと思いますが、僕のようなインパクトを与える人間は嫌われることも大事です。嫌われることさえも武器にしていく覚悟が必要だと思います。

みなさんにもコントロールできないことはあるはずです。その最たるものが、他人の気持ちです。ある程度、察する気持ちは必要ですが、超能力でもない限り、すべてを読み取るのは不可能です。であれば、相手の気持ちがわかった時点で、それを受け入れた自分は何ができるかを考えるしかないと思います。

**人を変えるには、まず自分が変わらないと道は開けないものです。**

## 〝受け入れる〟に疑いは必要ない

そのまま〝受け入れる〟ほうがいいこともあります。

たとえば、**何か大事なことをやろうとした瞬間、僕は緊張してもいいと思っています。**それだけ自分が楽しみにしていた証拠です。緊張していることが伝わることは、決して悪いことばかりではありません。

初めての営業先で緊張しながら「今日はよろしくお願いします」と言う。相手は誠実な感じがすると思います。ただし、あくまでも仕事なので、緊張して話すべきポイントがズレてしまっては最初の好印象が台無しです。ガチガチに緊張しても、頭が真っ白になっても、やるべきことはやる。そこさえ外さなければ、緊張することは悪いことではないと思います。

**体が発する言葉も〝受け入れる〟対象です。**

現役時代の僕は、試合も練習も必死に取り組むタイプでした。真面目というより、怠けることが怖かっただけです。何かの都合でその日の練習が1時間短縮されただけで、明日はダメなテニスプレイヤーになるんじゃないかと本気で思っていました。

客観的に考えれば、十数年間のトレーニングが蓄積されている選手です。1時間練習できないくらいで大きく変わることはありません。そう思えなかったからこそ、僕は何度もケガに見舞われるという代償を負ったのだと思います。

あるクリエイティブな仕事に携わる人は、疲れを感じるとすぐに寝るそうです。体が疲れると脳の動きも鈍くなるのでアイデアが浮かばないからというのが理由です。そんな休む勇気を持つことも〝受け入れる〟ためには大切なのです。

目の前にあるものを疑わずに〝受け入れる〟だけで状況が好転することもあります。テニスでいえば、相手のサービスゲームを奪うブレイクポイントや試合が決まるマッチポイントをつかむ、間違いなく大チャンスです。

しかし、うれしいと思う反面、どうしようと緊張するプレイヤーがいます。「もし、このマッチポイントを取れなかったら反撃される」と思い始めて、まだ何もしていないのにチャンスをピンチに変えてしまう。

大学受験、入社試験、企画のプレゼンテーション、すべて同じようなチャンスです。

もちろん、チャンスといっても１００％成功する保証はありません。必ずリスクはあります。

ただ、**チャンスは、本人がそれをどう受け入れるかで成功する確率が大きく変動します。**素直にチャンスだと思えばいいのですが、失敗したらどうしようと思えば成功する確率は落ちてしまうでしょう。

僕もチャンスをピンチにするタイプでした。どうしてもチャンスをマイナスイメージで捉えてしまう。だからこそ、「今はチャンスなんだ！」と意識的に受け入れることを徹底するようになったと思います。

この章では、そんな〝受け入れる〟ことを習慣にする実践例を集めました。

❶

間違っていたら
すぐに□□

# 答え❶

# 間違っていたら すぐに謝る

**即対応で事態は好転する**

僕は間違っていると気づいたら、すぐに「すみません！」と謝ります。自分を正当化するために言い訳や説明ばかりする人がいますが、間違ったことをしたならば、何よりもまず謝ることです。

今ではそれを実践できるようになりましたが、以前の僕はできませんでした。「間違っているかもしれないなあ」と思いながらもごまかそうとしたり、自分でコントロールしようとしたり。そんなことを**グズグズとやっている間に事態は自分の手に負えない状況になっていくものです。**

でも、**謝れば、それ以上事態を悪くすることはない**と思います。

「すみません！」と頭を下げれば、そこから仕切り直しができます。

何を間違ったのか、どこで間違ったのか、「すみません！」のひと言で立ち止まればはっきりと見えてきます。しかも、謝った相手も必ず協力してくれるはずです。そして修正する。

それと近いことですが、すぐに対応することで結果を出し続けているのが、テニスのトッププレイヤーです。

彼らは試合内容が悪いと、勝敗に関係なく、試合終了後すぐに練習場に向かいます。できなかったところを特訓するのではなく、試合中に崩れていた部分を修正するためです。プロの試合は、勝利が絶対条件。たとえ自分が最もパフォーマンスを発揮できるスタイル（自分のテニス）を崩しても、試合中は勝つ可能性を探ります。

ときには攻撃型の選手が徹底的に守ることもあれば、守備型の選手が主導権を握るために攻撃を仕掛け続けることもあります。しかし、それで試合に勝てたとしても、自分のテニスをして勝てたわけではありません。そのままにしておくと、悪いクセがついて、やがて〝自分のテニス〟を見失うことになります。それは、最も勝てる確率の高い本来の自分のスタイルを手放すことになります。

そのための修正作業が試合直後の練習なのです。

「試合後にすぐ練習するなんて、あの人はすごい！」という捉え方をされることがありますが、じつは、ちょっと自分のテニスが狂ったなという部分を修正するには、試合直後が最適ということなのです。

## ❷

「戦う相手にも□□□
□□□□!」

# 答え 2
# 戦う相手にも「ナイスショット！」

**相手を褒めると自分の力になる**

２０１４年のブラジルW杯。日本代表は残念な結果に終わりましたが、対コートジボワール戦でこんな一幕がありました。

ご存知の方も多いと思いますが、本田圭佑《ほんだけいすけ》選手がゴールを決めた瞬間にベンチに座っていた相手選手が拍手をしていたのです。味方選手に「気持ちを切り替えよう」と手を叩いたわけではなく、本田選手のゴールに本気で拍手を送っていたのです。錦織選手も、相手選手の好プレーに拍手を送る姿がよく見られます。

これは相手への皮肉ではありません。悔しがっているわけでもありません。相手のパフォーマンスを認める拍手です。その姿に清々《すがすが》しさも感じますが、テニスの場合は相手のプレーを認めることで「自分のミスでポイントを失ったわけではない」と気持ちを切り替えることにもなります。**「ナイスショット！」と相手を讃えると、それ以上そのプレーに引きずられることがなくなる**からです。

戦う相手のナイスショットが自分の力になる場合もあります。

僕には〝勝負食〟と呼ぶ、料理人と真剣に戦う気構えで臨む食事があります。大好きな寿司屋での食事もその一つです。

あるとき、最高の勝負ができて笑いが止まらなくなったことがあります。言葉にできないほどおいしかったのです。完全に参りました。大将のネタの切り方、客に対する思い、そして職人技、すべてが素晴らしくて一貫、一貫、大事に大事に味わわせていただきました。そして最後には、「大将！　ホントに感激しました」と、笑いながら涙が出ていました。そんな**相手の「ナイスショット！」は、また明日から頑張ろうという自分の力になるものです。**

自分のナイスショットも見逃してはいけないと思います。

あるジュニア選手が正しいフォームで素晴らしいコースに打っていたのですが、1球だけ外れてしまいました。その選手は外れたことを悔しがって、下を向いてしまいました。たった1球のミスで、それまでのショットすべてが悪いような気持ちになったのでしょう。正しいショットでわずかにミスしたときはナイスショットです。僕はすぐに駆け寄って「ナイスショット！」と声をかけました。

**自分が一所懸命正しいことをしたうえで、結果が出なかったときは「ナイスショット！」**。声に出せないのなら、心の中で「ナイスショット！」。自分で納得できるパフォーマンスだったら、結果はどうあれ、そう言えるようになってほしいと思います。

# ❸ 解決できないことは□□ない

# 答え❸

# 解決できないことは悩まない

**変わらない現実は受け入れる**

僕はテニスはもちろん、人間関係、家族、恋愛、いろいろな悩みを相談されることがあります。

そのなかに、「これって悩みなの？」と思う相談があります。

あるときテニスの相談で「背が高くなりたいのですが」という相談を受けたことがあります。子どもであれば、「好き嫌いをしないで、しっかり食べて運動すれば、大きくなれる」と答えるでしょう。

しかし、相談してきたのは大人の方でした。それはもう悩みではなく、現実です。ほぼ**不可能なものに対しては、受け入れるしかない**のです。

「待ち合わせをしていた人が来なかった」
「行く気満々だったレストランが閉まっていた」

これも現実です。そういう場合、僕は「もしも〜」を考えないようにします。

「もしもあの人が来ていたら……」
「もしもあの店で○○を食べていたら……」

考えてみたところで、現実は何も変わらないからです。そこで会うはずの人、食べるはずだったおいしい料理、そのすべてとサヨナラしちゃいます。

**僕が生きているのは、目の前にある現実**だからです。

テニスにたとえると、強風の中で試合をすることになった選手がこんなことを言ったりします。

「風が吹いていなかったら、勝てるのに」

そんなことを考えても、風が止まることはありません。それよりも現実の中で何ができるのかを考えたほうが道は開けます。

現実を受け入れれば、そこには新たな発見があります。風を味方につけるサーブを思いつくかもしれないし、偶然放ったショットに新たなショットのヒントを見つけることができるかもしれません。逆に、現実を受け入れずに、考え込んでしまったらどんどん負のスパイラルに陥っていくだけです。

そのためにも、**僕はこれは解決できる現実だろうかと心に問いかけます。解決できない現実であれば受け入れて、サヨナラです。**

そして新たな決断をすることで、それが悩みに変わることはもうありません。

# 4 失敗は□□□さない

# 答え 4

# 失敗はごまかさない

**失敗は学ぶためにある**

僕は、ジュニア選手に「失敗、大歓迎！」と教えています。成功するよりも失敗のほうが学ぶことは多いからです。

僕もテニスやテレビの仕事で、失敗を通して学んだことがたくさんあります。

現役時代を振り返ると、ケガも失敗の一つです。僕は何度もその失敗を繰り返しました。ただ、ケガの後に必ず訪れるリハビリ期間を大切にしたのは大きかったと思います。ひざを痛めることが多かったのですが、その度にリハビリで体幹を強くし、復帰したときは以前より強くなっていたのを覚えています。

仕事も同じです。**失敗したり、挫折したりした後にどうやって立ち直るかで、より強い自分になれるかが決まります。**

そのために大事なのが、失敗した理由を探すことです。その過程でもっとできるんじゃないかというアイデアも湧いてきます。そうすると、以前より絶対に仕事ができる自分になれます。

ただ、自分でも気づかずに失敗をごまかしていることがあります。

失敗したときに「オレはできない男だなあ」「オレの上司、うるせえな」と失敗そのものとは関係ないことで落ち込んだり、イライラすることです。

これでは、また同じ失敗を繰り返すだけです。

失敗したときこそ、その原因を分析することが大切になります。**失敗の原因をしっかり分析することで、必ず解決策は見えてくる**ものです。

たとえば、提出した企画が通らなかったとしましょう。でも、企画全体がダメだったのか、話した相手が悪かったのか、自分の説明不足だったのか、原因がわかれば対応策は考えられます。

あるいは、資料の一部が抜けていたり、企画書の書き間違いなどミスを発見することもあるでしょう。

そういうミスをウソでごまかす人がいますが、それは次のミスを引き起こす可能性が高いので絶対に避けるべきです。**ミスをごまかしてしまうと、気づいたときには〝どでかミス〟になることもあります。**

そうならないためにも失敗したときは、その原因すべてを正直に探り出しましょう。それが自分を成長させることにつながります。

# 5 自分を応援してくれる最も身近な存在は□□である

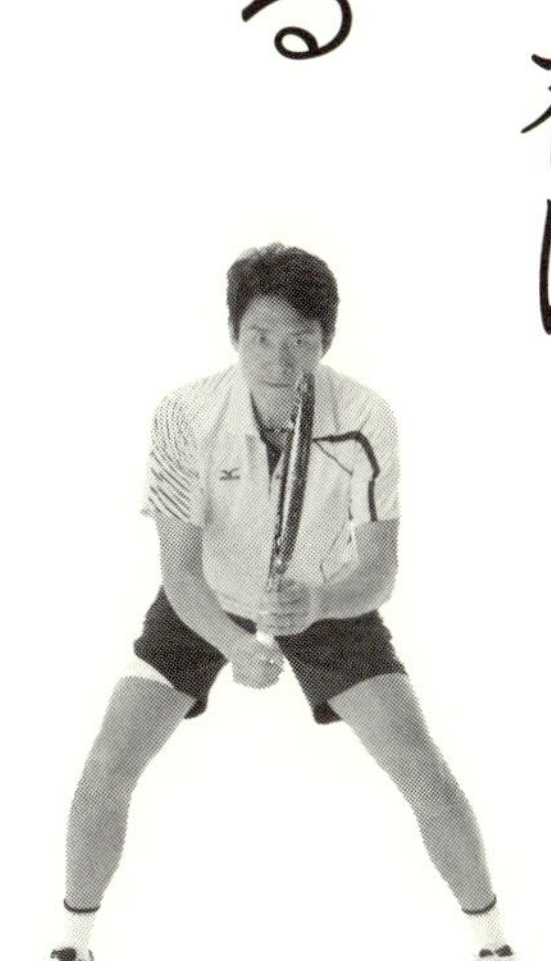

# 答え5
# 自分を応援してくれる最も身近な存在は自分である

## 小さな結果でも自分を褒める

芸術家である草間彌生《くさまやよい》先生にインタビューする機会がありました。僕が感激したのは、自分の絵に対する先生の言葉でした。

「素敵ね」「こんな素敵な絵は見たことがないわ」

草間先生は自分の作品を心の底から褒めていたのです。

先生は、80歳を超えた今でも自分と闘いながら、「これまでに失敗はありません」と感じたことを作品の中にすべて出し尽くしています。自分の作品を褒める草間先生の姿には、ある種の爽快感《そうかいかん》がありました。

みなさんにも草間先生の作品ほどとは言えないにしろ、頑張って最後までやり遂げていることがたくさんあるはずです。小さなところでいえば、企画書を仕上げる、報告書を書き上げる、大量の資料を整理する、宿題をやる、朝のジョギングをする、ダイエットのために好きなケーキを我慢《がまん》するなど。

そんな小さなことを最後までやり遂げても、誰も褒めてくれないと思うかもしれません。でも、忘れていませんか？　**すぐ近くに褒めてくれる人がいる**ことを。

自分です。**自分だけは頑張っていることを知っています。**

だったら、自分に褒めてもらおうじゃないですか。

そう考える僕は、自分を褒めることを大事にしています。どんな些細《ささい》なことでもやり遂げただけで、終わりにはしません。

「終わった〜。やったよ、お前。よく頑張ったよ」

「面倒くさいと思ったけど、諦めないでよかったねぇ」

と自分を褒め讃えます。声に出すこともあります。一つ大きな息を吐き出して達成感を体全体で味わったりもします。よく頑張ったのは間違いないのですから、褒めて当然。そうすると、もっといい結果を出したいと、いい意味で自分の気持ちをさらに高めることができます。


**注意すべきは、「僕、やるよね〜」と人前で表現することです。**やっていることは普通のことなので「何の自慢しているんだ?」と思われるだけです。

それよりも、自分へのご褒美を考えたほうがいいでしょう。僕はジュニア選手の合宿を無事に終えた日は、自分を褒めながらおいしいケーキを食べることにしています。それだけでやり切った気持ちをしっかりと実感できるし、気持ちを次につなげることができます。そして何より、そのときのケーキはおいしさが倍増します。

習慣その6

# 反省する

## 成長の糧《かて》は、失敗して〝反省する〟こと

人に失敗は付きものです。

なぜなら、一度の失敗もなくパーフェクトに何かができる人は、どこにもいないからです。テニス、野球、サッカーのトップ選手といわれる人も、その裏では数え切れないほどの失敗を繰り返しているものです。

みなさんも失敗を乗り越えて、できるようになったことはたくさんあると思います。子どもの頃を思い返せば、自転車に乗る、逆上がりができる、「1時間だけよ！」と怒られながら夢中になるゲームでも失敗を繰り返しながら、1面、2面とクリアしていくはずです。

仕事を始めてからもそうでしょう。入社してすぐに書いた企画書から連戦連勝の人などいないと思います。

## 「人間は失敗する権利を持っている」

本田技研工業の創業者であり、戦後日本を代表する技術者・起業家として世界的に知られる本田宗一郎氏もそう言っています。

ただし、この言葉には続きがあります。

**「しかし失敗には反省という義務がついてくる」**

また、『論語』の一節にも「過って改めざる、これを過ちという（失敗しても反省しない。それこそが失敗である）」とあります。

つまり、**失敗しても反省すれば、成功の道は開ける**ということです。

ただ、反省していると言いながら、じつは後悔している人も多いと思います。反省と後悔はまったく違います。

**反省は「次（未来）」に目を向けますが、後悔は「どうして（過去）」ばかりを見ます**。反省するには、まず失敗を正しく捉える必要があります。しかし、それはなかなか面倒くさい作業です。

その点、後悔は簡単にできます。

後悔は「どうして○○しなかったんだ」と現実を否定するだけでいいし、誰かのせいにしてもいいからです。じつに簡単です。でも、何の解決にもなりません。

一方で、反省は問題を正しく捉えて自分を見つめ直していきます。感情的になったり、客観的になり過ぎるとその作業に時間はかかりますが、間違いなく自分の成長につながります。

本田宗一郎氏の別の言葉を引用すると、「進歩とは反省の厳しさに正比例する」ということです。

この章では、後悔という楽な道を選ばずに、反省する方法として客観的に見ること、失敗したときの感情を生かすこと、簡単に終わらせないことなど僕が〝反省する〟を習慣にするために実践してきたことを集めてみました。

最初は少し時間がかかることもあると思いますが、焦らずじっくりと取り組んでいけば、自分がどんどん前向きになっていくのを実感できると思います。

# ❶ ストレスを□□化する

# 答え❶ ストレスを数値化する

**数字にすると本当の自分がわかる**

現役時代の僕は、自分のプレーを数値化し、戦術に活用していました。

性格（メンタル）、足（体力）、そして技術。自分と相手の武器を細かく数値化して、シミュレーションする。

相手の嫌がるプレーで攻めていけば、どのくらいの確率で相手がミスをするか。あるとき、僕がネットに出たときのポイント奪取率《だっしゅりつ》を調べると5割以上になりました。ただ、僕はボレーショットがうまくなかったので、なかなか前に足が動かない。でも、数字で見せられると「オレ、前に出たほうがいいじゃん」と思えてくる。

そういう意味では、**数値化することは自分を客観的に判断できるだけではなく、安心材料になる**こともあります。

数字を安心材料として使っていたのは、試合だけではありません。

僕はいろいろなメンタルトレーニングを通して、自分だけのストレスシートをつくったことがあります。ストレスを感じる要素はマイナス、リカバリーする要素はプラス。目指すのは、プラスマイナス0。僕は何も意識せずに生活していると、どんどんマイナス、つまりストレスが溜まる一方でした。

ストレスシートを使い始めてから前日にマイナス5のストレスがあれば、今日はプラス5のリカバリーをするという具合に調整していきました。そしてプラスマイナス

0に限りなく近い状態で臨んだのが、ベスト8まで勝ち進んだ1995年のウィンブルドン選手権です。僕は頑張り過ぎてストレス・オーバーになるタイプなのですが、あのときだけは「こんなにリラックスしていいのか、オレ」と思うほど練習も試合も楽しんでいました。

そうやって自分の行動を客観的に捉えておくと、少々のストレスで「オレはもうダメだ」と思わなくなります。

テニスにたとえると、いいプレーをしたのに第1セットを失った。「今日はダメかな」と思いそうですが、現実は1セットを取られただけ。この事実の受け止め方がトッププレイヤーとそうでない選手の差です。トッププレイヤーは動じることなく自分のテニスに徹しますが、そうでない選手は自分のテニスができなくなります。そして、普段より厳しいコースに打つことを意識し過ぎて、さらにミスが多くなります。

現状を客観的に捉えられるかどうか。それを習慣にするには、数値化してみることも効果的な方法の一つだと思います。

# ❷ 次につながる□□□反省会

# 答え②

# 次につながるホット反省会

**反省はすぐ始めるのが効果的**

**僕の反省会は、現場が終わるとすぐに始まります。**

インタビュー取材であれば、僕の話し方、質問のタイミング、なぜこういうことを聞かなかったのか。インタビューが終わった途端に反省を始めます。

毎回、失敗だらけで、反省だらけです。

なぜ、すぐに反省会を始めるのかというと、失敗したときと変わらない感情がまだ残っているからです。つまり、ホット反省です。


冷静になってから振り返ると、失敗といっても、それほど大きなものではないことがほとんどです。でも、**すぐに反省会をすると悔しさが残っているので、次につながるアイデアが細かく出てきます。**だから、僕はホット反省が大好きです。

ジュニア選手の合宿でも、1日終わる度に〝ひとりホット反省〟で、今日感じたことをすぐに書き出します。

「あのとき、なぜ僕は○○君に声をかけられなかったのか」

「○○君に強く言い過ぎたんじゃないだろうか」

そうやってすぐに書き出せば、スタッフ・ミーティングでも正しく伝えられます。

ただ、注意点が1つあります。それは、ホット反省は時間が経っていない分、感情的になりやすいこと。

たとえば、「どうしてこういう話になったんですか？」と問われて、「オレはそういうつもりじゃなかったんだよ」

そう言い返してしまうと、自分の行動を正当化するだけで反省になりません。ホット反省は自分を成長させるためのものですから、ダメだしも楽しいくらいに捉えることです。そうすることで有意義な時間になります。

そのためにも、**ホット反省のときにはスタッフからの声、そして自分の心の声にしっかり耳を傾けることを意識しています。**

もちろんですが、**時間を経て振り返る〝クール反省〟も大切です。**

「それほど大きな失敗ではなかったな」「やっぱり、この失敗は大きかったな」と、クール反省のほうが客観的に事実を見ることができるからです。また、ホット反省で出てきたアイデアや意見を、時間を置くことで冷静に取捨選択することもできます。

❸うまくいかないことは□□□す

答え❸

# うまくいかないことは書き出す

**書き出すと心が落ち着く**

やりたい企画がなかなか通らない、成績が思うように上がらない、うまくいかないことはたくさんあります。

そんなとき僕は、**「どうしたらいいんだろう?」**と**頭の中だけで考えることは極力**

**避ける**ようにしています。なぜなら、頭の中には解決を邪魔する感情があるからです。うまくいかないときの自分は弱気な状態だと思います。僕であれば、弱気修造です。弱気修造は「どうせ、オレはダメだよ」という感情しか出してきません。

その感情に振り回されてしまうと、問題解決には近づけないことになります。

そんな感情に邪魔されないために、僕は紙やパソコンに書き出します。目的は問題の整理ではなく、心の整理。ですから、今思っていることをダラダラと書き並べます。

たとえば、

「なぜ、企画が通らないとこんなにも弱い気持ちになってしまうのか？」

「無理なんじゃないか」

「じゃあ、やめようか」

と書き出して、自分の心の奥にどんどん入っていく。

さらに「じゃあ、やめる」ではなく、「なぜそう思うんだろう？」と続ける。

「結果が出ていないから」

「じゃあ、オレは正しいことをやっているのか？」

ここまでくると、「まだやり切っていないことがある」と気づきます。違う捉え方でやってみればうまくいくかもしれないと光が見えてきます。ここに到達したら、ようやく事実関係を整理していきます。

**心を客観的に追い込んでいくことは、ネガティブな心理状態からポジティブに向かうための準備**でもあります。心が前向きになって初めてものごとを冷静に捉えられるし、失敗したことを分析することができます。企画内容のどこが悪かったのか、営業方法のどこに問題があるのか。この段階なら、ダメだしされた相手の話を振り返ったとしても、次につながることに着目するはずです。

そのためにも、まずは心を整理して落ち着かせることなのです。

❹

# 「調子が悪い」を□にしない

# 答え4 「調子が悪い」を口にしない

**「調子が悪い」は反省につながらない**

ほとんどのテニスプレイヤーは、9割9分の確率で試合では思うようにいかないものです。そのとき、どう対応するかがテニスといってもいいでしょう。

思うようにできたら、基本的にトッププレイヤーは負けないと思います。なぜ、思

うようにできないかといえば、相手が普段通りにプレーさせてくれないからです。それに気づかないで「今日のオレは調子が悪い」と言うプレイヤーがいます。でも、**僕は調子がいい、悪いはないと考えています。**

プレイヤーとしてずっと続けてきたテニスです。その日だけボールが入る、入らないがあると思いますか？　調子が悪いのではなく、ポイントを失っている事実があるだけです。すべては相手がいるからこそ、起きている現実です。

調子が悪いという言い訳で済ませたら、そのまま試合には負けてしまう可能性が高いでしょう。自分のプレーを分析して、相手のパフォーマンスが高い状況であれば、ここは我慢しようと捉えるのが正しい判断だと僕は思います。

だから、ジュニア選手には「調子がいい、悪いを口にするな」と指導しています。

仕事でも同じことがいえます。営業職であれば、なかなか売上目標を達成できない。事務職であれば、効率よく仕事が進まない。原稿を書く場合は、筆が進まない。そういうときは、テニスのように相手がいるわけではありませんが、まず仕事がうまくいかない事実を認識することです。そして、なぜ、うまくいかないのかを考える。そうすると、必ず原因が見えてきます。

このときに**注意したいのが、自分の一番いい状態のときと比べてしまうこと。**「あのときの調子なら……」といったように。最高の状態と比べたら、ほとんどの場合がうまくいっていないことになります。

それを、自分の調子が悪かったで正当化すると、本当は何が悪かったのかを反省しないで、時間だけが過ぎてしまうことになります。

そんな言い訳をしたり、比べるポイントを間違ったりするよりも、**ダメなときの踏ん張り方を探すほうが大事**です。

たとえば、年齢による体の衰えもそうでしょう。僕も50代が間近に迫り、確実にガタが来ています。でも、冷静に考えれば当たり前です。20代の体力が戻るわけがありません。だとすれば、そんなことを気にするよりも今、何ができるかを考えたほうが前を向けるというものです。

5

□□□□□わかっているはわかってない！

# 答え 5

# なんとなくわかっている はわかってない！

**わかったつもりは損をする**

「わかった？」と問いかけると、「はい、わかりました」と多くのジュニア選手が答えます。「で、どういうこと？」と聞き直してみると、

「ええっと……、わかりません」と小さな声でつぶやきます。

そんなとき僕は、ジュニア選手たちに「なんとなくわかっているということほど怖いものはないんだぞ」と言い聞かせます。**〝なんとなくわかっている〟とは、まったく理解していないのとほとんど同じ**だからです。

しかも**わかったつもりは、損をします。**

なんとなくわかったつもりでその場をやり過ごすと、とても大事な時間をムダにしてしまうことになります。どんな話でもうんうんと頷《うなず》いて優等生に思われる必要はまったくないのです。

僕もわかったつもりになりやすい人間です。

英語で話しかけられて、全然理解できていないのに笑顔で頷いていることがあります。「○○さんっているじゃないですか」と言われて、思い出せないまま「あ、はい」と答えることもあります。

それでは話は続きません。知らなかったら素直に言うべきだと思います。

なぜなら、必ずどこかで「あのとき、知らないと言っておけば……」「あのとき、もう一度聞き直していれば……」と後悔することになるからです。

そういうときは、優等生ぶらずに「すいません。わかりませんでした」と素直に言ったほうがいいと思います。話した相手も「だったら……」と、もう一度あなたにわかりやすく話そうとしてくれるはずです。

習慣その7

# 感謝する

## どんなことでも感謝に値する

**基本的に、僕はすべてのことに感謝します。**

家族、マネージャー、一緒に企画を考え形にするスタッフ、出会った人などはもちろん、海、山、抜けるような青空、満天の星、のんびりとした田舎の風景、喜びや感動といった感情にも感謝します。

**プレッシャーや緊張、崖っぷちも感謝すべきことです。**

自分の人生の中で目にする、耳にする、味わう、感じる、すべてが今の僕につながっていると思えば、感謝するのは当然だと思います。

だからこそ、どうやって感謝するかを研究してきました。

たとえば、「ありがとうございます」という言葉は語尾をやさしく言う。これはフィギュアスケートの浅田真央《あさだまお》さんの「ありがとうございます」から学んだことです。

言い方に加えて、「ありがとうございます」の言葉と一緒に広がる空気感が素晴らしい。感謝の気持ちが込められているだけではなく、耳にした人の心を和ませて、幸せにする力を持っていると感じています。

反対に、「ありがとうございます」を「あっざーす」と省略すると、どんなに気持ちがあっても伝わらないことに気づきました。省略することで、伝えたい気持ちまで半減させているのかもしれません。そう気づいてからは、最後までキチンと「ありがとうございます」と言うことを意識するようになりました。

## “感謝する”は自分の力になる

感謝することには、別の効果もあります。

僕は妻と口論になったら、心の中で「ありがとう」と言い続けます。口論することに感謝をしているとはいえませんが、「ありがとう」と繰り返すことで、状況をそれ以上悪化させない効果があります。

しかも、徐々に心も落ち着いてきて冷静に口論の原因を探り始める僕がいます。

スポーツ選手が試合後に、「応援してくれて、ありがとうございます」「サポートしてくれて、ありがとうございます」と言う姿はよく見る光景です。この言葉は「応援してくれて、力になりました」「サポートしてくれて、力になりました」と言い換えることができます。

つまり、**感謝はパワーにもなる**のです。**感謝することが多い人は強くなれます**。周りの力に素直に感謝できると、それはそのまま自分の力になります。なぜなら、感謝できる何かがあると、人は頑張ることができるからです。

ただ、僕はみなさんに〝感謝する〟ことを強制はしません。1つだけ問いかけるのは、「誰かに感謝されたとき、どんな気持ちになりますか?」ということです。その気持ちをしっかりと理解したうえで、〝感謝する〟ことを習慣にしていってください。

❶

1日□□□回の
「ありがとう」

# 答え❶

# 1日100回の「ありがとう」

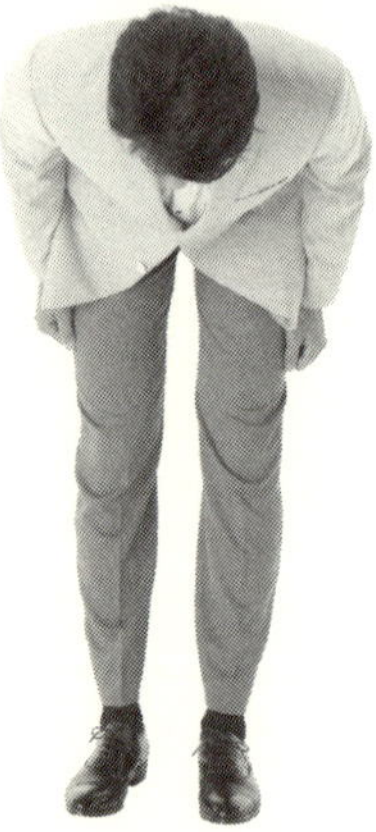

**「ありがとう」は感受性を磨いてくれる**

**うまくいかないとき、僕にとって一番の武器になってくれるのが「ありがとう」**です。前向きにさせてくれるだけではなく、心を落ち着かせてくれます。

そんな「ありがとう」をいつも心から言いたい。それが僕の目指すところです。そのために、最低でも1日100回の「ありがとう」を言うことから始めました。

口に出してもいいし、心の中で思ってもいい。習慣になった今では、100回では足りないほど「ありがとう」と言っています。

なぜなら、感謝すべきことはたくさんあるからです。

「感謝するに値するものがないのではない。感謝するに値するものを、気がつかないでいるのだ」と中村天風先生も言っています。

**感謝すべきことが見つからないと思うなら、とくに理由がなくても「ありがとう」と言うことです**。朝起きて「ありがとう」、電車に乗って「ありがとう」、仕事で行き詰まっても「ありがとう」です。

最初は、「どうして感謝するんだ？」と違和感を抱くと思いますが、「ありがとう」と思えば悪い方向には行かないはずです。

それは僕自身が実践して、実感しています。

そうやって、すべてのことに「ありがとう」と言い始めると、感謝すべきことに反応できる感受性が磨かれてきます。

普段は見逃していた「ありがとう」の場面に少しずつ気づけるようになるので、それだけ心にはプラス要素が積み重なっていくことになります。

ここまで来れば、「ありがとう」が習慣になったようなものです。

最初はとりあえずと思っていた「ありがとう」が、自然に出てくるようになります。言葉にして伝えると、確実に周りを明るくします。そうすると、さらに「ありがとう」と言いたくなります。

そんな心からの「ありがとう」に辿《たど》り着くためにも、まずは1日100回を意識することから始めてみましょう。

今日からでも、今からでもできることだと思います。

## ❷ 思いは□□□で伝える

# 答え❷
# 思いは手書きで伝える

**手書きにはその人の思いが詰め込める**

僕は、インタビューをさせていただいた方、お世話になった方には必ずお礼の手紙を送ります。メールで送る人もいますが、僕は直筆で送ります。**機械で打ち込んだ文字では、感謝の思いも含めて何かが伝わっていない気がする**からです。

誰かに自分の気持ちを伝えたいときには、手紙が一番いい。

だから、テレビ番組の『炎の体育会TV』や『修造学園』の合宿では、必ず親から子どもに手紙を送ってもらうようにしています。

小学校高学年、中学生という難しい時期の子どもたちが最もプレッシャーを感じるのは、親です。「ちゃんとしなさい」「○○しないとダメよ」と言われ続けて、親が本当は自分のことを応援していないんじゃないかと思いかけているからです。

でも、そんなことはありません。それを一番心に響く手紙という形で伝えてもらう。子どもにとって一番のサポーターは親だと気づいてもらうために。

だからこそ、親御さんには手紙の書き直しをお願いすることがあります。僕に気を使って、「修造さんに感謝しなさい」という内容を書く人がいるからです。そういうものは一切必要ありません。親と子どもが本気で通じ合うための手紙です。

普段、子どもに言えないこと、本当は子どもにやってあげたいこと、あるいは子どもの良さを素直に書いてほしい。

「生まれて来てくれて、ありがとう」

「お前は、宝物だ」

「自分がどうしても怒ってしまうのは、あなたのことを本気で思っているから」

子どもたちにとって、何を学ぶよりも大きな気づきの瞬間になっていると思います。


**僕は家族に対しても、よく手紙を書きます。**

手渡しするわけではなく、朝、出かける前に妻への手紙はリビングのテーブルに、子どもたちのはそれぞれの机に置いておきます。

何か問題があったときには、そうやってひと言でも書き残すと解決することがたくさんあります。わざわざ便せんを用意したり、キレイな字で書かなくてもかまいません。何かに使った紙の裏に箇条書きでもいいと思います。

誰に対して書くにしろ、**手書きであれば、きっとその人の思いがたっぷり詰め込まれたものになるはずです。**僕はそう思いながらいつも手紙を書いています。

# 〝いい習慣を身につけると人は変われる。僕はそう信じています。〟

だから僕は、いい習慣を身につけようと、自分なりに考え、工夫して実践してきました。なかには、じつにくだらない実践例もあったと思いますし、理解できない行動もあったかとも思いますが、それが自分らしく生きるための僕の創意工夫なのです。

今回、話をした7つの習慣は、どれも自分らしさに気づき、自分らしく生きるために必要なことです。いい習慣として身につけ、仕事やプライベートで結果として現れるまでに時間はかかるかもしれませんが、みなさんにもぜひ身につけてほしいと思っています。

といっても、なかなか新しい習慣を身につけるのが大変なことは僕自身よくわかっています。**僕があれこれ考え実践しているのは、油断するとすぐに「なまけもの修造」「不安で仕方がない修造」が顔を出してくるからです。**

僕には「不安で仕方がない修造」を安心させるために続けている、とてもくだらないジンクスがあります。

「二度あることは三度ある」ということわざがありますが、現役時代から「二度あることは三度やる」ことにしていました。

たとえば、歩きながら二度誰かの肩にぶつかった。放っておけば、どこかで三度目がやって来ます。試合直前に三度目が起きて、それでケガはしたくない。だったら、と自分から知り合いの肩にぶつかるというわけです。

そうやって三度やったぞと安心していたのです。

飛行機に乗るときは、飛行機が離着陸の体勢に入ると両足を床に着け、離着陸が完了するまで息を吐き続けます。離着陸に時間がかかるときは大変です。苦しくて足をバタつかせたい衝動に駆《か》られますが、両足を床に着けたままにするのがルール。自分でやっていてバカだなと思います。

そんな僕のくだらないジンクスですが、格好よく言えば、メンタルをコントロールしていることです。スポーツ選手のルーティンワークに似ているかもしれません。テニスの試合で言えば、毎回同じように水を飲み、ペットボトルを置き、バナナを食べる。そうすることで気持ちを落ち着かせ、自分らしさを取り戻す。そうなって初めて、自分のパフォーマンスを発揮できることになります。

僕のジンクスとスポーツ選手のルーティンワークはレベルが違いますが、僕にとってはいい習慣だと思っています。

**自分を変えたいなら、小さなことからでも始めることです**。他の人に迷惑をかけないなら、どんなことでも、何から始めてもいいと思います。そこにはきっと、自分らしさがあるはずです。

最後まで読んでいただき、ありがとうございました。

2015年4月　松岡修造

解くだけで人生が変わる！

# 修造ドリル

発行日　2015年5月7日　第1刷

著者　松岡修造

| | |
|---|---|
| デザイン | 細山田光宣、野村彩子（細山田デザイン事務所） |
| 撮影 | 森モーリー鷹博 |
| スタイリスト | 中原正登（フォーティーン） |
| ヘアメイク | 大和田一美（APREA） |
| イラスト | 山口正児 |
| 制作協力 | IMG 東京支社 |
| 編集協力 | 洗川俊一、洗川広二 |
| 校正 | 南本由加子 |
| 編集担当 | 杉浦博道 |
| 営業担当 | 増尾友裕 |
| 営業 | 丸山敏生、熊切絵理、石井耕平、菊池えりか、伊藤玲奈、綱脇愛、櫻井恵子、吉村寿美子、田邊曜子、矢橋寛子、大村かおり、高垣真美、高垣知子、柏原由美、菊山清佳、大原桂子、矢部愛、寺内未来子 |
| プロモーション | 山田美恵、浦野稚加 |
| 編集 | 柿内尚文、小林英史、伊藤洋次、舘瑞恵、栗田亘、片山緑、森川華山 |
| 編集総務 | 鵜飼美南子、高山紗耶子 |
| メディア開発 | 中原昌志 |
| 講演事業 | 齋藤和佳、高間裕子 |
| マネジメント | 坂下毅 |
| 発行人 | 高橋克佳 |

発行所　株式会社アスコム

〒105-0002
東京都港区愛宕1-1-11　虎ノ門八束ビル
編集部　TEL：03-5425-6627
営業部　TEL：03-5425-6626　FAX：03-5425-6770

印刷・製本　中央精版印刷株式会社


Printed in Japan ISBN 978-4-7762-0876-1